ספר

תומר דבורה

לרמ"ק

למקובל האלוה"י רבינו רבי

משה קורדובירו

הרמ"ק

זצוקלה"ה

ידוע כי אין בר בלי תבן, כך אין ספר בלי טעויות, ועוד יודע אני כי דל ועני אני, **ואין עני אלא בדעה**. לכן מבקש אני בכל לשון של בקשה אם יש לכל אחד שאלות, הערות, הארות, תיקונים, נא לשלוח ל - book@simchatchaim.com והשתדל לענות, ולתקן את הצריך תיקון.

בברכה והצלחה בלימוד התורה הקדושה
ובעיקר בפנימיות התורה, ותורת הרמ"ק
ורפואה שלימה לכל חולי ישראל.

היב"ש

בס"ד

ירפא **ה**מאציל **ו**יושיע **ה**בורא את כל חולי בני ישראל, וישלח להם רפואה שלימה, רפואת הנפש ורפואת הגוף, בכל אבריהם ובכל גידיהם לעבודתו יתברך.

בי"ב במנחם אב תשס"ה, הובהלתי לבית החולים, הרופאים לא נתנו לי סיכוי לחיות יותר מכמה שעות בגלל מספר תסבוכות. עם כל זאת בזכות התפילות של בני ישראל הקדושים, ברחמיו הרבים, ריחם עלי הקדוש ברוך הוא, ונשארתי בחיים.

עם כל זאת, הובחנה אצלי מחלה קשה בכליות, ונאמר לי שהצטרך למכונת דיאליזה. בשבילי זה היה שוק!!! אף פעם לא הייתי אצל רופא, או בבית חולים. כך בעל כרחי התחברתי למכונת דיאליזה, ומכונה זאת הייתה קשורה בי ככלב במשך שמונים חודשים בדיוק, כמניין יסוד, במשך 10-12 שעות ביום.

בשבת פרשת ויחי יעקב י"ב טבת תשע"ב, בזכות בני ישראל, שכולם אהובים כולם ברורים כולם גיבורים כולם קדושים... וכולם פותחים את פיהם באהבה שלוש פעמים ביום, ואומרים - ברוך אתה... רופא חולי עמו ישראל, וכללותם כל האברכים, תלמידי הישיבות, רבנים וחכמים, חסידים, מקובלים עם תינוקות של בית רבן, זקנים עם נערים, בחורים וגם בתולות, בארץ הקודש ובעולם.

ומצד שני בנות ישראל היקרות מפז, שהתפללו וקבלו עליהם כל מיני קבלות, מהפרשת חלה עד צניעות וכיסוי הראש, עם הרבנים, המנהלים, המורים, המורות והתלמידות של בית יעקב דטורונטו שכל יום התפללו, וכללו בתפילתם שבקעה את כל הרקיעים אותי, ונושעתי אני הקטן. הושתלה בי כליה. והתנתקתי ממכונת הדיאליזה.

אמר המלך דוד - לולי תורתך שעשעי אז אבדתי בענייי. מה שנתן לי חיות היא התורה הקדושה, בשעות הרבות שהיתי מחובר למכונת הדיאליזה (כ12 שעות ביום), ערכתי סדרתי, וכתבתי, פצחתי את ראשי התיבות וניקדתי [חלק מהספרים] במחשב את קונטרסים שלמדתי במשך שנים. וקונטרסים אלו הפכו לחיבורים, ואחרי התלבטויות ובקשות מבני גילי, החלטתי בעזרתו יתברך להדפיס קונטרסים אלו.

בברכה והצלחה בלימוד התורה הקדושה.
ובעיקר בפנימיות התורה, ותורת הרמ"ק

ורפואה שלימה לכל חולי ישראל.

היב"ש

תוכן הספר

רבי משה קורדובירו - הרמ"ק

רבי משה קוֹרְדוֹבֵירוֹ (רמ"ק; ה'רפ"ב, 1522 - כ"ג בתמוז ה'ש"ל, 1570), מחשובי מקובלי צפת במאה ה-16, מחבר ספרי קבלה ורבו של האר"י.

נולד בשנת רפ"ב (1522) לרבי יעקב. מקום לידתו אינו ידוע, אך שם משפחתו מעיד על כך שמוצא משפחתו מהעיר קורדובה בספרד. הוא גדל וגר בצפת, למד תלמוד והלכה אצל רבי יוסף קארו והוסמך לדיינות על ידי רבי יעקב בירב. התחתן עם אחותו של רבי שלמה אלקבץ ובגיל עשרים החל בלימוד קבלה אצל גיסו. לאחר מספר שנים החל לשמש כראש ישיבה בצפת. בין תלמידיו נמנו רבי חיים ויטאל, לימים עורך כתבי האר"י, ורבי אליהו די וידאש, מחבר הספר "ראשית חכמה".

עם הגעתו של האר"י לצפת הפך הרמ"ק לרבו במשך תקופה קצרה עד לפטירתו של הרמ"ק בכ"ג תמוז ה'ש"ל (1570). עם פטירתו, נחשב האר"י ליורשו הרוחני וממשיך דרכו, אם כי שיטתם בקבלה אינה דומה: הרמח"ל יצר הבחנה בין השיטות והסביר כי קבלת הרמ"ק מהווה לימוד ב**עולם התוהו** וקבלת האר"י ב**עולם התיקון**. קבלת הרמ"ק אמנם נדחקה אך לא נדחתה לגמרי וקיימות שיטות המשלבות בין שיטתו לקבלת האר"י. הספר שפע טל, של ר' שבתאי הלוי הורויץ, הוא אחד ממיישמי גישה זאת. הלימוד בספריו של רמ"ק לא פסק גם היום, ויש

המחשיבים אותו לימוד מקדים לקבלת האר"י, או מעין הרחבה וביאור.

הספר שאיתו מזוהה הרמ"ק הוא פרדס רימונים, המבאר את שיטתו בקבלה. בספרו זה מביא הרמ"ק גם תמצות משיטות הקבלה של הראשונים, דן בהן ומכריע ביניהן. כמו כן חיבר הרמ"ק פירוש לספר הזוהר ולספר יצירה בשם אור יקר, וספר מוסר בשם **תומר דבורה** המיוסד על י"ג מידות ההנהגה.

לאחר הסתלקותו, שלח הרמ"ע מפאנו (המקובל רבי מנחם עזריה) 1,000 זהובים לאלמנתו על מנת שתשאיל לו את כתב היד של בעלה הנקרא **אור יקר** בכדי שיעתיקו ויביאו לדפוס.

הספר כולל עשרה פרקים. בפתח הספר מובאת מטרת החיבור באופן כללי: האדם ראוי שיתדמה לקונו ואז יהיה בסוד הצורה העליונה צלם ודמות, שאילו ידומה בגופו ולא בפעולות הרי הוא מכזיב הצורה ויאמרו עליו צורה נאה ומעשים כעורים. שהרי עיקר הצלם והדמות העליון הן פעולותיו, ומה יועיל לו היותו כצורה העליונה דמות תבנית אבריו ובפעולות לא יתדמה לקונו.

הפרק הראשון מתאר כיצד ידמה האדם לבוראו בשלוש עשרה מידות הרחמים של מידת הכתר. הפרק מבוסס על הפסוק בספר מיכה הכולל את שלוש עשרה המידות: מִי אֵל כָּמוֹךָ נֹשֵׂא עָוֹן וְעֹבֵר עַל פֶּשַׁע לִשְׁאֵרִית נַחֲלָתוֹ לֹא הֶחֱזִיק לָעַד אַפּוֹ כִּי חָפֵץ חֶסֶד הוּא יָשׁוּב יְרַחֲמֵנוּ יִכְבֹּשׁ עֲוֹנֹתֵינוּ

וְתַשְׁלִיךְ בִּמְצֻלוֹת יָם כָּל חַטֹּאותָם תִּתֵּן אֱמֶת לְיַעֲקֹב חֶסֶד לְאַבְרָהָם אֲשֶׁר נִשְׁבַּעְתָּ לַאֲבֹתֵינוּ מִימֵי קֶדֶם. המחבר מסביר כיצד יש לאדם להשוות את התנהגותו עם סביבתו החברתית בדומה להתנהגות הקדוש ברוך הוא איתו. עליו להיות סבלן ובעל ארך רוח וגם אם חברו פגע בו עליו לרצות בטובתו ובהתפייסות עמו. בסוף הפרק מסכם המחבר כי - כמו שיהיה האדם מתנהג למטה כך יזכה לפתוח לו מדה עליונה מלמעלה ממש כפי מה שיתנהג כך משפיע מלמעלה וגורם שאותה המידה תאיר בעולם. ומשום כך - אל ילוזו מעיני השכל י"ג מדות אלו והפסוק לא יסוף מפיו כדי שיהיה לו למזכרת כאשר יבא לו מעשה שיצטרך להשתמש במידה אחת מהן יזכור ויאמר הרי דבר זה תלוי במידה פלונית איני רוצה לזוז ממנה שלא תתעלם ותסתלק המידה ההיא מן העולם.

בפרק השני מובאות פעולות נוספות התלויות במידת הכתר, בהם: ענווה, מניעת הכעס, הארת פנים ועוד. הפעולות בפרק זה מכוונות לאיברי הראש: מחשבה, מצח, אוזניים, עיניים חוטם, פנים ופה. המידה המרכזית בפרק זה "הכוללת הכל" היא מדת הענווה.

בפרקים הבאים מראה המחבר כיצד להשוות את פעולותיו לאלו של הבורא במקביל לפעולות התלויות בעשר הספירות: חכמה (פרק ג'), בינה (פרק ד'), חסד (פרק ה'), גבורה (פרק ו'), תפארת (פרק ז'), נצח הוד ויסוד (פרק ח'), מלכות (פרק ט').

בפרק האחרון מביא הרמ"ק **עצה** כיצד יתקשר האדם בקדושה העליונה ויתנהג בה, ולא יפרד מן הספירות העליונות תדיר". לדבריו, על האדם להתנהג **כפי הזמן**, כלומר שידע בכל שעה ביום איזו ספירה שולטת, ויתקשר בה, לעשות התיקון המתייחס אל המידה השולטת.

הספר הודפס לראשונה בשנת שמ"ט (1589) בוונציה על ידי הרב משה באסולה, כ-19 שנה לאחר פטירת מחברו.

במהדורת שפ"א שנדפסה בפראג הובאה הסכמתו של השל"ה שהגדיר את המחבר - כאיש אלקים קדוש המאיר לעולם כלול בחכמתו וחסידותו, ועל ספרו כתב כי **כולו יראת שמיים וקיבול עול מלכותו יתברך**, ואמר שכל מי שרגיל בספר הזה ואומר אותו בכל שבוע, או בכל חודש, מובטח לו שהוא בן העולם הבא. בספרו המליץ ללומדו בעשרת ימי תשובה על מנת - לתקן בכל יום ויום המכוון נגד אותה הספירה.

6

פֶּרֶק א

הָאָדָם רָאוּי שֶׁיִּתְדַּמֶּה לְקוֹנוֹ וְאָז יִהְיֶה בְּסוֹד הַצּוּרָה הָעֶלְיוֹנָה צֶלֶם וּדְמוּת, שֶׁאִלּוּ יִדְמֶה בְּגוּפוֹ וְלֹא בִּפְעֻלּוֹת הֲרֵי הוּא מַכְזִיב הַצּוּרָה וְיֹאמְרוּ עָלָיו צוּרָה נָאָה וּמַעֲשִׂים כְּעוּרִים. שֶׁהֲרֵי עִיקַּר הַצֶּלֶם וְהַדְּמוּת הָעֶלְיוֹן הֵן פְּעֻלּוֹתָיו, וּמַה יוֹעִיל לוֹ הֱיוֹתוֹ כְּצוּרָה הָעֶלְיוֹנָה דְּמוּת תַּבְנִית אֵבָרָיו וּבִפְעֻלּוֹת לֹא יִתְדַּמֶּה לְקוֹנוֹ. לְפִיכָךְ רָאוּי שֶׁיִּתְדַּמֶּה אֶל פְּעֻלּוֹת הַכֶּתֶר שֶׁהֵן י"ג מִדּוֹת שֶׁל רַחֲמִים עֶלְיוֹנוֹת. וּרְמוּזוֹת בְּסוֹד הַפְּסוּקִים[1] - מִי אֵל כָּמוֹךָ. יָשׁוּב יְרַחֲמֵנוּ. תִּתֵּן אֱמֶת. אִם כֵּן רָאוּי שֶׁתִּמְצָאֶנָּה בּוֹ י"ג מִדּוֹת אֵלּוּ.

וְעַכְשָׁו נְפָרֵשׁ אוֹתָן הַפְּעֻלּוֹת י"ג שֶׁרָאוּי שֶׁתִּהְיֶינָה בּוֹ:

הָא' - מִי אֵל כָּמוֹךָ

מוֹרֶה עַל הֱיוֹת הַקָּדוֹשׁ בָּרוּךְ הוּא מֶלֶךְ נֶעֱלָב, סוֹבֵל עֶלְבּוֹן מַה שֶּׁלֹּא יְכִילֵהוּ רַעְיוֹן. הֲרֵי אֵין דָּבָר נִסְתָּר מֵהַשְׁגָּחָתוֹ בְּלִי סָפֵק, וְעוֹד אֵין רֶגַע שֶׁלֹּא יִהְיֶה הָאָדָם נִזּוֹן וּמִתְקַיֵּם מִכֹּחַ עֶלְיוֹן הַשּׁוֹפֵעַ עָלָיו, וַהֲרֵי תִּמְצָא שֶׁמֵּעוֹלָם לֹא חָטָא אָדָם נֶגְדּוֹ שֶׁלֹּא יִהְיֶה הוּא בְּאוֹתוֹ הָרֶגַע מַמָּשׁ שׁוֹפֵעַ שֶׁפַע קִיּוּמוֹ וּתְנוּעַת אֵבָרָיו, עִם הֱיוֹת שֶׁהָאָדָם חוֹטֵא בַּכֹּחַ הַהוּא לֹא מְנָעוֹ מִמֶּנּוּ כְּלָל אֶלָּא סוֹבֵל הַקָּדוֹשׁ בָּרוּךְ הוּא עֶלְבּוֹן כָּזֶה לִהְיוֹת מַשְׁפִּיעַ בּוֹ כֹּחַ תְּנוּעוֹת אֵבָרָיו, וְהוּא מוֹצִיא אוֹתוֹ כֹּחַ בְּאוֹתוֹ רֶגַע בְּחֵטְא וְעָוֹן וּמַכְעִיס וְהַקָּדוֹשׁ בָּרוּךְ הוּא סוֹבֵל. וְלֹא תֹּאמַר שֶׁאֵינוֹ יָכוֹל לִמְנוֹעַ מִמֶּנּוּ הַטּוֹב הַהוּא ח"ו שֶׁהֲרֵי בְּכֹחוֹ בְּרֶגַע כְּמֵימְרָא לְיַבֵּשׁ יָדָיו וְרַגְלָיו כְּעֵין שֶׁעָשָׂה לְיָרָבְעָם, וְעִם כָּל

[1] מיכה ז יח

זאת שֶׁהַכֹּחַ בְּיָדוֹ לְהַחֲזִיר הַכֹּחַ הַנִּשְׁפָּע הַהוּא וְהָיָה לוֹ לוֹמַר כֵּיוָן שֶׁאַתָּה חוֹטֵא נֶגְדִּי תֶּחֱטָא בְּשֶׁלְּךָ לֹא בְשֶׁלִּי, לֹא מִפְּנֵי זֶה מָנַע טוּבוֹ מִן הָאָדָם אֶלָּא סָבַל עֶלְבּוֹן, וְהִשְׁפִּיעַ הַכֹּחַ וְהֵטִיב לָאָדָם טוּבוֹ. הֲרֵי זֶה עֶלְבּוֹן וְסַבְלָנוּת מַה שֶּׁלֹּא יְסֻפַּר וְעַל זֶה קוֹרְאִים מַלְאֲכֵי הַשָּׁרֵת לְהַקָּדוֹשׁ בָּרוּךְ הוּא מֶלֶךְ עָלוּב וְהַיְנוּ אוֹמְרוֹ מִי אֵל כָּמוֹךָ, אַתָּה אֵל בַּעַל חֶסֶד הַמֵּטִיב, אֵל בַּעַל כֹּחַ לִנְקֹם וְלֶאֱסֹף אֶת שֶׁלְּךָ, וְעִם כָּל זֹאת אַתָּה סוֹבֵל וְנֶעֱלָב עַד יָשׁוּב בִּתְשׁוּבָה. הֲרֵי זוֹ מִדָּה שֶׁצָּרִיךְ הָאָדָם לְהִתְנַהֵג בָּהּ רְצוֹנִי הַסַּבְלָנוּת וְכֵן הֱיוֹתוֹ נֶעֱלָב אֲפִלּוּ לְמַדְרֵגָה זוֹ וְעִם כָּל זֹאת לֹא יֶאֱסֹף טוֹבָתוֹ מִן הַמְקַבֵּל:

הַב' - נוֹשֵׂא עָוֹן

וַהֲרֵי זֶה גָּדוֹל מֵהַקּוֹדֵם שֶׁהֲרֵי לֹא יַעֲשֶׂה הָאָדָם עָוֹן שֶׁלֹּא יִבָּרֵא מַשְׁחִית כִּדְתְנַן הָעוֹבֵר עֲבֵרָה אַחַת קוֹנֶה לוֹ קָטֵגוֹר אֶחָד וַהֲרֵי אוֹתוֹ קָטֵגוֹר עוֹמֵד לִפְנֵי הַקָּדוֹשׁ בָּרוּךְ הוּא וְאוֹמֵר פְּלוֹנִי עֲשָׂאַנִי, וְאֵין בְּרִיָּה מִתְקַיֶּמֶת בָּעוֹלָם אֶלָּא בְּשִׁפְעוֹ שֶׁל הַקָּדוֹשׁ בָּרוּךְ הוּא וַהֲרֵי הַמַּשְׁחִית הַזֶּה עוֹמֵד לְפָנָיו וּבַמֶּה מִתְקַיֵּם, הַדִּין נוֹתֵן שֶׁיֹּאמַר הַקָּדוֹשׁ בָּרוּךְ הוּא אֵינִי זָן מַשְׁחִיתִים יֵלֵךְ אֵצֶל מִי שֶׁעֲשָׂאוֹ וְיִתְפַּרְנֵס מִמֶּנּוּ וְהָיָה הַמַּשְׁחִית יוֹרֵד מִיַּד וְנוֹטֵל נִשְׁמָתוֹ אוֹ כּוֹרְתוֹ אוֹ נֶעֱנַשׁ עָלָיו כְּפִי עָנְשׁוֹ עַד שֶׁיִּתְבַּטֵּל הַמַּשְׁחִית הַהוּא, וְאֵין הַקָּדוֹשׁ בָּרוּךְ הוּא עוֹשֶׂה כֵּן אֶלָּא נוֹשֵׂא וְסוֹבֵל הֶעָוֹן וּכְמוֹ שֶׁהוּא זָן הָעוֹלָם כֻּלּוֹ זָן וּמְפַרְנֵס הַמַּשְׁחִית הַזֶּה עַד שֶׁיִּהְיֶה אֶחָד מִשְּׁלֹשָׁה דְּבָרִים, אוֹ שֶׁיָּשׁוּב הַחוֹטֵא בִּתְשׁוּבָה וִיכַלֵּהוּ וִיבַטְּלֵהוּ בְּסִגּוּפָיו, אוֹ יְבַטְּלֵהוּ שׁוֹפֵט צֶדֶק בְּיִסּוּרִים וּמִיתָה, אוֹ יֵלֵךְ בַּגֵּיהִנֹּם וְשָׁם יִפָּרַע חוֹבוֹ. וְהַיְנוּ שֶׁאָמַר קַיִן: "גָּדוֹל עֲוֹנִי מִנְּשׂוֹא", וּפֵרְשׁוּ חֲזַ"ל: כָּל הָעוֹלָם כֻּלּוֹ אַתָּה סוֹבֵל, יִרְצֶה: זָן וּמְפַרְנֵס, וַעֲוֹנִי כָּבֵד שֶׁאֵין אַתָּה יָכוֹל לְסוֹבְלוֹ? פֵּרוּשׁ: לְפַרְנְסוֹ עַד שֶׁאָשׁוּב וַאֲתַקֵּן. אִם כֵּן

הֲרֵי זֶה מִדַּת סַבְלָנוּת גְּדוֹלָה, שֶׁיָּזוּן וּמְפַרְנֵס בְּרִיָּה רָעָה שֶׁבָּרָא הַחוֹטֵא עַד שֶׁיָּשׁוּב.

יִלְמֹד הָאָדָם כַּמָּה צָרִיךְ שֶׁיִּהְיֶה סַבְלָן לִסְבֹּל עֹל חֲבֵרוֹ וְרָעוֹתָיו שֶׁהֵרִיעַ עַד שִׁעוּר כָּזֶה שֶׁעֲדַיִן רָעָתוֹ קַיֶּמֶת, שֶׁחָטָא נֶגְדּוֹ וְהוּא יִסְבֹּל עַד יְתַקֵּן חֲבֵרוֹ אוֹ עַד שֶׁיִּתְבַּטֵּל מֵאֵלָיו וְכַיּוֹצֵא:

הַג'- וְעוֹבֵר עַל פֶּשַׁע

זוֹ מִדָּה גְּדוֹלָה שֶׁהֲרֵי אֵין הַמְּחִילָה עַל יְדֵי שָׁלִיחַ אֶלָּא עַל יָדוֹ מַמָּשׁ שֶׁל הַקָּדוֹשׁ בָּרוּךְ הוּא כְּדִכְתִיב[2] - כִּי עִמְּךָ הַסְּלִיחָה וְגוֹ' וּמַה הִיא הַסְּלִיחָה שֶׁהוּא רוֹחֵץ הֶעָוֹן כְּדִכְתִיב[3] - אִם רָחַץ אֲדֹנָי אֵת צֹאַת בְּנוֹת צִיּוֹן וְגוֹ', וְכֵן כְּתִיב[4] - וְזָרַקְתִּי עֲלֵיכֶם מַיִם טְהוֹרִים וְגוֹ', וְהַיְינוּ וְעוֹבֵר עַל פֶּשַׁע שׁוֹלֵחַ מֵימֵי רְחִיצָה וְעוֹבֵד וְרוֹחֵץ הַפֶּשַׁע.

וְהִנֵּה מַמָּשׁ כִּדְמוּת זֶה צָרִיךְ לִהְיוֹת הָאָדָם שֶׁלֹּא יֹאמַר וְכִי אֲנִי מְתַקֵּן מַה שֶּׁפְּלוֹנִי חָטָא אוֹ הִשְׁחִית, לֹא יֹאמַר כָּךְ שֶׁהֲרֵי הָאָדָם חוֹטֵא וְהַקָּדוֹשׁ בָּרוּךְ הוּא בְּעַצְמוֹ שֶׁלֹּא עַל יְדֵי שָׁלִיחַ מְתַקֵּן אֶת מְעֻוָּת וְרוֹחֵץ צֹאַת עֲוֹנוֹ.

וּמִכָּאן יִתְבַּיֵּשׁ הָאָדָם לָשׁוּב לַחֲטֹא שֶׁהֲרֵי הַמֶּלֶךְ בְּעַצְמוֹ רוֹחֵץ לִכְלוּךְ בְּגָדָיו:

הַד' - לִשְׁאֵרִית נַחֲלָתוֹ

הִנֵּה הַקָּדוֹשׁ בָּרוּךְ הוּא מִתְנַהֵג עִם יִשְׂרָאֵל בְּדֶרֶךְ זֶה לוֹמַר מָה אֶעֱשֶׂה לְיִשְׂרָאֵל וְהֵם קְרוֹבַי שְׁאֵר בָּשָׂר יֵשׁ לִי עִמָּהֶם

---

[2] תהלים קל ד

[3] ישעיהו ד ד

[4] יחזקאל לו כה

שֶׁהֵם בַּת זוּג לְהַקָּדוֹשׁ בָּרוּךְ הוּא וְקוֹרֵא לָהּ בִּתִּי, אֲחוֹתִי, אִמִּי. כִּדְפֵרְשׁוּ ז"ל וּכְתִיב יִשְׂרָאֵל עַם קְרוֹבוֹ מַמָּשׁ קִרְבָה יֵשׁ לוֹ עִמָּהֶם וּבָנָיו הֵם. וְהַיְנוּ לִשְׁאֵרִית נַחֲלָתוֹ לָשׁוֹן שְׁאֵר בָּשָׂר וְסוֹף סוֹף הֵם נַחֲלָתוֹ. וּמַה אָמַר, אִם אַעֲנִישֵׁם הֲרֵי הַכְּאֵב עָלַי כִּדְכְתִיב[5] - בְּכָל צָרָתָם לוֹ צָר. כְּתִיב בְּ'אַלֶף' לוֹמַר שֶׁצַּעֲרָם מַגִּיעַ לְפֶלֶא הָעֶלְיוֹן וְכָל שֶׁכֵּן לְדוּ פַּרְצוּפִין שֶׁבָּהֶן עִיקַר הַהַנְהָגָה וְקָרֵינַן בְּ'וָאו' לוֹ צָר. וּכְתִיב[6] - וַתִּקְצַר נַפְשׁוֹ בַּעֲמַל יִשְׂרָאֵל, לְפִי שֶׁאֵינוֹ סוֹבֵל צַעֲרָם וּקְלוֹנָם מִפְּנֵי שֶׁהֵם שְׁאֵרִית נַחֲלָתוֹ.

כָּךְ הָאָדָם עִם חֲבֵרוֹ כָּל יִשְׂרָאֵל הֵם שְׁאֵר בָּשָׂר אֵלּוּ עִם אֵלּוּ מִפְּנֵי שֶׁהַנְּשָׁמוֹת כְּלוּלוֹת יַחַד יֵשׁ בָּזֶה חֵלֶק זֶה וּבָזֶה חֵלֶק זֶה, וּלְכָךְ אֵינוֹ דוֹמֶה מְרֻבִּים הָעוֹשִׂים אֶת הַמִּצְוֹת וְכָל זֶה מִפְּנֵי כְּלָלוּתָם, וּלְכָךְ פֵּרְשׁוּ רַבּוֹתֵינוּ זִכְרוֹנָם לִבְרָכָה עַל הַנִּמְנֶה מֵעֲשָׂרָה רִאשׁוֹנִים בְּבֵית הַכְּנֶסֶת אֲפִלּוּ מֵאָה בָּאִים אַחֲרָיו מְקַבֵּל שָׂכָר כְּנֶגֶד כֻּלָּם, מֵאָה מַמָּשׁ כְּמַשְׁמָעוֹ, מִפְּנֵי שֶׁהָעֲשָׂרָה הֵם כְּלוּלִים אֵלּוּ בְּאֵלּוּ הֲרֵי הֵם עֲשָׂרָה פְּעָמִים עֲשָׂרָה מֵאָה וְכָל אֶחָד מֵהֶם כָּלוּל מִמֵּאָה אִם כֵּן אֲפִלּוּ יָבוֹאוּ מֵאָה הוּא יֵשׁ לוֹ שְׂכַר מֵאָה, וְכֵן מִטַּעַם זֶה יִשְׂרָאֵל עֲרֵבִים זֶה לָזֶה מִפְּנֵי שֶׁמַּמָּשׁ יֵשׁ בְּכָל אֶחָד חֵלֶק אֶחָד מֵחֲבֵרוֹ וּכְשֶׁחוֹטֵא הָאֶחָד פּוֹגֵם אֶת עַצְמוֹ וּפוֹגֵם חֵלֶק אֲשֶׁר לַחֲבֵרוֹ בּוֹ, נִמְצָא מִצַּד הַחֵלֶק הַהוּא חֲבֵרוֹ עָרֵב עָלָיו. אִם כֵּן הֵם שְׁאֵר זֶה עִם זֶה וּלְכָךְ רָאוּי לְאָדָם לִהְיוֹתוֹ חָפֵץ בְּטוֹבָתוֹ שֶׁל חֲבֵרוֹ וְעֵינוֹ טוֹבָה עַל טוֹבַת חֲבֵרוֹ וּכְבוֹדוֹ יִהְיֶה חָבִיב עָלָיו כְּשֶׁלּוֹ שֶׁהֲרֵי הוּא הוּא מַמָּשׁ, וּמִטַּעַם זֶה נִצְטַוִּינוּ[7] - וְאָהַבְתָּ לְרֵעֲךָ כָּמוֹךָ, וְרָאוּי שֶׁיִּרְצֶה

---

[5] יְשַׁעְיָהוּ סג ט
[6] שֹׁפְטִים י טז
[7] וַיִּקְרָא יט יח

בְּכַשְׁרוּת חֲבֵרוֹ וְלֹא יְדַבֵּר בִּגְנוּתוֹ כְּלָל וְלֹא יִרְצֶה בּוֹ כְּדֶרֶךְ שֶׁאֵין הַקָּדוֹשׁ בָּרוּךְ הוּא רוֹצֶה בִּגְנוּתֵנוּ וְלֹא בְּצַעֲרֵנוּ מִטַּעַם הַקֻּרְבָה, אַף הוּא לֹא יִרְצֶה בִּגְנוּת חֲבֵרוֹ וְלֹא בְּצַעֲרוֹ וְלֹא בְּקַלְקוּלוֹ וְיֵרַע לוֹ מִמֶּנּוּ כְּאִלּוּ הוּא מַמָּשׁ הָיָה שָׁרוּי בְּאוֹתוֹ צַעַר אוֹ בְּאוֹתוֹ טוֹבָה:

הה' - לֹא הֶחֱזִיק לָעַד אַפּוֹ

זוֹ מִדָּה אַחֶרֶת שֶׁאֲפִלּוּ שֶׁהָאָדָם מַחֲזִיק בְּחֵטְא, אֵין הַקָּדוֹשׁ בָּרוּךְ הוּא מַחֲזִיק אַף, וְאִם מַחֲזִיק לֹא לָעַד אֶלָּא יְבַטֵּל כַּעֲסוֹ אֲפִלּוּ שֶׁלֹּא יָשׁוּב הָאָדָם, כְּמוֹ שֶׁמָּצִינוּ בִּימֵי יָרָבְעָם בֶּן יוֹאָשׁ שֶׁהֶחֱזִיר הַקָּדוֹשׁ בָּרוּךְ הוּא גְּבוּל יִשְׂרָאֵל וְהֵם הָיוּ עוֹבְדִים עֲגָלִים וְרִחֵם עֲלֵיהֶם וְלֹא שָׁבוּ אִם כֵּן לָמָּה רִחֵם, בִּשְׁבִיל מִדָּה זוֹ שֶׁלֹּא הֶחֱזִיק לָעַד אַפּוֹ אַדְּרַבָּא מַחְלִישׁ אַפּוֹ עִם הֱיוֹת שֶׁעֲדַיִן הַחֵטְא קַיָּם אֵינוֹ מַעֲנִישׁ אֶלָּא מְצַפֶּה וּמְרַחֵם אוּלַי יָשׁוּבוּ, וְהַיְנוּ כִּי לֹא לָנֶצַח אָרִיב וְלֹא לְעוֹלָם אֶטּוֹר אֶלָּא הַקָּדוֹשׁ בָּרוּךְ הוּא מִתְנַהֵג בְּרַכּוּת וּבַקָּשׁוֹת הַכֹּל לְטוֹבַת יִשְׂרָאֵל.

וְזוֹ מִדָּה רְאוּיָה לְאָדָם לְהִתְנַהֵג בָּהּ עַל חֲבֵרוֹ אֲפִלּוּ שֶׁהוּא רַשַּׁאי לְהוֹכִיחַ בְּיִסּוּרִים אֶת חֲבֵרוֹ אוֹ אֶת בָּנָיו וְהֵם מִתְיַסְּרִים לֹא מִפְּנֵי זֶה יַרְבֶּה תּוֹכַחְתּוֹ וְלֹא יַחֲזִיק כַּעֲסוֹ אֲפִלּוּ שֶׁכָּעַס אֶלָּא יְבַטְּלֶנּוּ וְלֹא יַחֲזִיק לָעַד אַפּוֹ, גַּם אִם אַף הוּא הַמֻּתָּר לָאָדָם כְּעֵין שֶׁפֵּרְשׁוּ כִּי תִרְאֶה חֲמוֹר שֹׂנַאֲךָ וְגוֹ' וּפֵרְשׁוּ מַה הִיא הַשִּׂנְאָה הַזֹּאת שֶׁרָאָה אוֹתוֹ עוֹבֵר עֲבֵרָה וְהוּא יָחִיד אֵינוֹ יָכוֹל לְהָעִיד וְשֹׂנֵא אוֹתוֹ עַל דְּבַר עֲבֵרָה וַאֲפִלּוּ הָכִי אָמְרָה תּוֹרָה עָזֹב תַּעֲזֹב עִמּוֹ שְׁבוֹק יָת דִּבְלִבָּךְ אֶלָּא מִצְוָה לְקָרֵב אוֹתוֹ בְּאַהֲבָה אוּלַי יוֹעִיל בְּדֶרֶךְ זוֹ וְהַיְנוּ מַמָּשׁ מִדָּה זוֹ לֹא הֶחֱזִיק לָעַד אַפּוֹ:

הו' - כִּי חָפֵץ חֶסֶד הוּא

הֲלֹא כְּבָר פֵּרַשְׁנוּ בִּמְקוֹמוֹ שֶׁיֵּשׁ בַּהֵיכָל יָדוּעַ מַלְאָכִים מְמֻנִּים לְקַבֵּל גְּמִילוּת חֶסֶד שֶׁאָדָם עוֹשֶׂה בָּעוֹלָם הַזֶּה, וְכַאֲשֶׁר מִדַּת הַדִּין מְקַטְרֶגֶת עַל יִשְׂרָאֵל, מִיַּד אֹתָם הַמַּלְאָכִים מַרְאִים הַחֶסֶד הַהוּא וְהַקָּדוֹשׁ בָּרוּךְ הוּא מְרַחֵם עַל יִשְׂרָאֵל מִפְּנֵי שֶׁהוּא חָפֵץ בְּחֶסֶד, וְעִם הֱיוֹת שֶׁהֵם חַיָּבִים אִם הֵם גּוֹמְלִים חֶסֶד זֶה לָזֶה - מְרַחֵם עֲלֵיהֶם, וּכְמוֹ שֶׁהָיָה בִּזְמַן הַחֻרְבָּן שֶׁנֶּאֱמַר לְגַבְרִיאֵל[8] - בֹּא אֶל בֵּינוֹת לַגַּלְגַּל וְגוֹ' כִּי הוּא שַׂר הַדִּין וְהַגְּבוּרָה וְנָתַן לוֹ רְשׁוּת לְקַבֵּל כֹּחוֹת הַדִּין בֵּינוֹת לַגַּלְגַּל מִתַּחַת לַכְּרוּבִים מֵאֵשׁ הַמִּזְבֵּחַ דְּהַיְנוּ דִּין גְּבוּרַת הַמַּלְכוּת וְהָיָה הַדִּין מִתְחַזֵּק עַד שֶׁבִּקֵּשׁ לְכַלּוֹת אֶת הַכֹּל לְקַעְקֵעַ בֵּיצָתָן שֶׁל יִשְׂרָאֵל מִפְּנֵי שֶׁנִּתְחַיְּבוּ כְּלָיָה וּכְתִיב[9] - וַיֵּרָא לַכְּרוּבִים תַּבְנִית יַד אָדָם תַּחַת כַּנְפֵיהֶם וְהַיְנוּ שֶׁאָמַר הַקָּדוֹשׁ בָּרוּךְ הוּא לְגַבְרִיאֵל הֵם גּוֹמְלִים חֲסָדִים אֵלּוּ עִם אֵלּוּ וְאַף אִם הֵם חַיָּבִים נִצּוֹלוּ וְהָיָה לָהֶם שְׁאֵרִית. וְהַטַּעַם מִפְּנֵי מִדָּה זוֹ כִּי חָפֵץ חֶסֶד הוּא רוֹצֶה בְּמַה שֶׁיִּשְׂרָאֵל גּוֹמְלִים חֶסֶד וְאוֹתוֹ צַד מַזְכִּיר לָהֶם עִם הֱיוֹת שֶׁאֵינָם כְּשֵׁרִים בְּצַד אַחֵר.

אִם כֵּן בְּסֵדֶר זוֹ רָאוּי לְאָדָם לְהִתְנַהֵג אַף אִם רָאָה שֶׁאָדָם עוֹשֶׂה לוֹ רַע וּמַכְעִיסוֹ אִם יֵשׁ בּוֹ צַד טוֹבָה שֶׁמֵּטִיב לַאֲחֵרִים אוֹ מִדָּה טוֹבָה שֶׁמִּתְנַהֵג כַּשּׁוּרָה יַסְפִּיק לוֹ צַד זֶה לְבַטֵּל כַּעֲסוֹ מֵעָלָיו וְיֵרָצֶה לִבּוֹ עִמּוֹ וְיַחְפֹּץ חֶסֶד וְיֹאמַר דַּי לִי בְּטוֹבָה זוֹ שֶׁיֵּשׁ לוֹ וְכָל שֶׁכֵּן בְּאִשְׁתּוֹ כִּדְפֵרְשׁוּ רַבּוֹתֵינוּ זִכְרוֹנָם לִבְרָכָה[10] - דַּיֵּנוּ שֶׁמְּגַדְּלוֹת אֶת בָּנֵינוּ וּמַצִּילוֹת אוֹתָנוּ מִן הַחֵטְא, כָּךְ

---

[8] יְחֶזְקֵאל י ב

[9] יחזקאל י ח

[10] גְּמָרָא יְבָמוֹת סג א

יֹאמַר עַל כָּל אָדָם דַּי לִי בְּטוֹבָה פְּלוֹנִית שֶׁעָשָׂה לִי אוֹ שֶׁעָשָׂה עִם פְּלוֹנִי אוֹ מִדָּה טוֹבָה פְּלוֹנִית שֶׁיֵּשׁ לוֹ יִהְיֶה חָפֵץ חֶסֶד:

הז' - יָשׁוּב יְרַחֲמֵנוּ

הִנֵּה אֵין הַקָּדוֹשׁ בָּרוּךְ הוּא מִתְנַהֵג כְּמִדַּת בָּשָׂר וָדָם שֶׁאִם הִכְעִיסוֹ חֲבֵרוֹ כְּשֶׁהוּא מִתְרַצֶּה עִמּוֹ מִתְרַצֶּה מְעַט לֹא כְּאַהֲבָה הַקּוֹדֶמֶת. אֲבָל אִם חָטָא אָדָם וְעָשָׂה תְּשׁוּבָה, מַעֲלָתוֹ יוֹתֵר גְּדוֹלָה עִם הַקָּדוֹשׁ בָּרוּךְ הוּא, וְהַיְנוּ[11] - בְּמָקוֹם שֶׁבַּעֲלֵי תְּשׁוּבָה עוֹמְדִים אֵין צַדִּיקִים גְּמוּרִים יְכוֹלִין לַעֲמוֹד. וְהַטַּעַם כִּדְפֵרְשׁוּ בְּפֶרֶק הַבּוֹנֶה[12] - בְּעִנְיַן ה לָמָּה הִיא עֲשׂוּיָה כְּאַכְסַדְרָא שֶׁכָּל הָרוֹצֶה לָצֵאת מֵעוֹלָמוֹ יֵצֵא, פֵּרוּשׁ הָעוֹלָם נִבְרָא בַּה' וְהַקָּדוֹשׁ בָּרוּךְ הוּא בָּרָא הָעוֹלָם פָּתוּחַ לְצַד הָרַע וְהַחֵטְא לִרְוָחָה אֵין צַד שֶׁאֵין חֹמֶר וְיֵצֶר הָרַע וּפְגָם כְּמִין אַכְסַדְרָא, אֵינוֹ בַּעַל גְּדָרִים אֶלָּא פִּרְצָה גְּדוֹלָה פְּרוּצָה לְצַד הָרַע לְצַד מַטָּה כָּל מִי שֶׁיִּרְצֶה לָצֵאת מֵעוֹלָמוֹ כַּמָּה פִּתְחִין לוֹ לֹא יִפְנֶה לְצַד שֶׁלֹּא יִמְצָא צַד חֵטְא וְעָוֹן לִכָּנֵס אֶל הַחִצוֹנִים, וְהִיא פְּתוּחָה מִלְמַעְלָה שֶׁאִם יָשֵׁב יְקַבְּלוּהוּ. וְהִקְשׁוּ וּלְהַדְּרוּהוּ בְּהַאי, לֹא מִסְתַּיְּעָא מִלְּתָא, רָצוּ בָּזֶה שֶׁהַשָּׁב בִּתְשׁוּבָה לֹא יַסְפִּיק לוֹ שֶׁיִּהְיֶה נִגְדָּר בֶּעָוֹן כְּגֶדֶר הַצַּדִּיקִים מִפְּנֵי שֶׁהַצַּדִּיקִים שֶׁלֹּא חָטְאוּ גָּדֵר מְעַט יַסְפִּיק אֲלֵיהֶם אָמְנָם הַחוֹטֵא שֶׁחָטָא וָשָׁב לֹא יַסְפִּיק לוֹ גָּדֵר מְעַט אֶלָּא צָרִיךְ לְהַגְדִּיר עַצְמוֹ כַּמָּה גְּדָרִים קָשִׁים מִפְּנֵי שֶׁאוֹתוֹ הַגָּדֵר הַמְעַט כְּבָר נִפְרָץ פַּעַם אַחַת אִם יִתְקָרֵב שָׁם בְּקַל יְפַתֵּהוּ יִצְרוֹ אֶלָּא צָרִיךְ לְהִתְרַחֵק הֶרְחֵק גָּדוֹל מְאֹד, וְלָזֶה לֹא יִכָּנֵס דֶּרֶךְ פֶּתַח הָאַכְסַדְרָה שֶׁהַפִּרְצָה שָׁם אֶלָּא יִתְעַלֶּה וְיִכָּנֵס דֶּרֶךְ פֶּתַח צַר וְיַעֲשֶׂה כַּמָּה צָרוֹת וְסִגּוּפִים לְעַצְמוֹ וְיִסְתֹּם הַפְּרָצוֹת.

---

[11] גְּמָרָא בְּרָכוֹת לד ב
[12] גְּמָרָא מְנָחוֹת כט ב

וּמִטַּעַם זֶה בְּמָקוֹם שֶׁבַּעֲלֵי תְּשׁוּבָה עוֹמְדִים וְכוּ' מִפְּנֵי שֶׁלֹּא נִכְנְסוּ דֶּרֶךְ פֶּתַח הַצַּדִּיקִים כְּדֵי שֶׁיִּהְיוּ עִם הַצַּדִּיקִים, אֶלָּא נִצְטַעֲרוּ וְעָלוּ דֶּרֶךְ פֶּתַח הָעֶלְיוֹן וְסִגְּפוּ עַצְמָן וְנִבְדְּלוּ מִן הַחֵטְא יוֹתֵר וְיוֹתֵר מִן הַצַּדִּיקִים לְכָךְ עָלוּ וְעָמְדוּ בְּמַדְרֵגָה ה' הֵיכָל חֲמִישִׁי שֶׁבְּגַן עֵדֶן דְּהַיְנוּ גַּג הַהֵ"א וְצַדִּיקִים בְּפֶתַח הַהֵ"א בִּכְנִיסַת הָאַכְסַדְרָא וְלָזֶה כַּאֲשֶׁר הָאָדָם יַעֲשֶׂה תְּשׁוּבָה דְּהַיְנוּ תָּשׁוּב ה' אֶל מְקוֹמָהּ, וַיַּחֲזִיר הַקָּדוֹשׁ בָּרוּךְ הוּא שְׁכִינָתוֹ עָלָיו אֵינוֹ שָׁב כְּאַהֲבָה הָרִאשׁוֹנָה בִּלְבַד, אֶלָּא יוֹתֵר וְיוֹתֵר. וְהַיְנוּ - יָשׁוּב יְרַחֲמֵנוּ, שֶׁיּוֹסִיף רַחֲמִים לְיִשְׂרָאֵל וִיתַקְּנֵם וִיקָרְבֵם יוֹתֵר.

וְכָךְ הָאָדָם צָרִיךְ לְהִתְנַהֵג עִם חֲבֵרוֹ לֹא יִהְיֶה נוֹטֵר אֵיבָה מֵהַכַּעַס הַקּוֹדֵם אֶלָּא כְּשֶׁיִּרְאֶה שֶׁחֲבֵרוֹ מְבַקֵּשׁ אַהֲבָתוֹ יִהְיֶה לוֹ בְּמַדְרֵגַת רַחֲמִים וְאַהֲבָה יוֹתֵר וְיוֹתֵר מִקֹּדֶם וְיֹאמַר הֲרֵי הוּא לִי כְּבַעֲלֵי תְּשׁוּבָה שֶׁאֵין צַדִּיקִים גְּמוּרִים יְכוֹלִים לַעֲמֹד אֶצְלָם וִיקָרְבֵהוּ תַּכְלִית קִרְבָה יוֹתֵר מִמַּה שֶּׁמְּקָרֵב אֹתָם שֶׁהֵם צַדִּיקִים גְּמוּרִים עִמּוֹ שֶׁלֹּא חָטְאוּ אֶצְלוֹ:

הַח' - יִכְבֹּשׁ עֲוֹנוֹתֵינוּ

הֲרֵי הַקָּדוֹשׁ בָּרוּךְ הוּא מִתְנַהֵג עִם יִשְׂרָאֵל בְּמִדָּה זוֹ וְהִיא סוֹד כְּבִישַׁת הֶעָוֹן. כִּי הִנֵּה הַמִּצְוֹת הִיא כְּפֹרַחַת עָלְתָה נִצָּהּ וּבוֹקֵעַ וְעוֹלֶה עַד אֵין תַּכְלִית לִכָּנֵס לְפָנָיו יִתְבָּרַךְ אָמְנָם הָעֲוֹנוֹת אֵין לָהֶם כְּנִיסָה שָׁם ח"ו אֶלָּא כּוֹבְשָׁם שֶׁלֹּא יִכָּנְסוּ כִּדְכְתִיב[13] - לֹא יְגֻרְךָ רָע, - לֹא יָגוּר בִּמְגוּרְךָ רָע אִם כֵּן אֵין הֶעָוֹן נִכְנָס פְּנִימָה. וּמִטַּעַם זֶה[14] - שְׂכַר מִצְוָה בְּהַאי עָלְמָא לֵיכָּא, מִפְּנֵי שֶׁהֵם לְפָנָיו יִתְבָּרַךְ וְהֵאיךְ יִתֵּן לוֹ מִמַּה שֶּׁלְּפָנָיו שָׂכָר רוּחָנִי

---

13 תְּהִלִּים ה ה

14 גְּמָרָא קִדּוּשִׁין לט א

בָּעוֹלָם גַּשְׁמִי וַהֲרֵי כָּל הָעוֹלָם אֵינוֹ כְּדַאי לְמִצְוָה אַחַת וּלְקוֹרַת רוּחַ אֲשֶׁר לְפָנָיו. וּמִטַּעַם זֶה לֹא יִקַּח שֹׁחַד שֶׁל מִצְוֹת, הַמָּשָׁל בָּזֶה, אֵין הַקָּדוֹשׁ בָּרוּךְ הוּא אוֹמֵר עָשָׂה אַרְבָּעִים מִצְוֹת וְעֶשֶׂר עֲבֵרוֹת נִשְׁאֲרוּ שְׁלֹשִׁים מִצְוֹת וְיֵלְכוּ עֶשֶׂר בְּעֶשֶׂר חַס וְשָׁלוֹם אֶלָּא אֲפִלּוּ צַדִּיק גָּמוּר וְעָשָׂה עֲבֵרָה אַחַת דּוֹמֶה לְפָנָיו כְּאִלּוּ שָׂרַף אֶת הַתּוֹרָה עַד שֶׁיִּרְצֶה חֹבוֹ וְאַחַר כָּךְ יְקַבֵּל שְׂכַר כָּל מִצְוֹתָיו. וְזֶה חֶסֶד גָּדוֹל שֶׁעוֹשֶׂה הַקָּדוֹשׁ בָּרוּךְ הוּא עִם הַצַּדִּיקִים שֶׁאֵינוֹ מְנַכֶּה מִפְּנֵי שֶׁהַמִּצְוֹת חֲשׁוּבוֹת מְאֹד וּמִתְעַלּוֹת עַד לְפָנָיו יִתְבָּרֵךְ, וְהָאֵיךְ יְנַכֶּה מֵהֶן בִּשְׁבִיל הָעֲבֵרוֹת כִּי שְׂכַר הָעֲבֵרָה הוּא מֵחֵלֶק הַגֵּיהִנֹּם - מֵהַנִּבְזֶה, וְהַמִּצְוֹת שְׂכָרָן מֵהַנִּכְבָּד זִיו שְׁכִינָה, הָאֵיךְ יְנַכֶּה אֵלּוּ בְּצַד אֵלּוּ אֶלָּא הַקָּדוֹשׁ בָּרוּךְ הוּא גּוֹבֶה חוֹב הָעֲבֵרוֹת וּמַשְׂכִּיר שְׂכַר כָּל הַמִּצְוֹת. וְהַיְנוּ יִכְבֹּשׁ עֲוֹנוֹתֵינוּ שֶׁאֵין הָעֲוֹנוֹת מִתְגַּבְּרִים לְפָנָיו כְּמִצְוֹת אֶלָּא כּוֹבֵשׁ אוֹתָם שֶׁלֹּא יִתְעַלּוּ וְלֹא יִכָּנְסוּ עִם הֱיוֹת שֶׁהוּא מַשְׁגִּיחַ עַל דַּרְכֵי אִישׁ הַטּוֹב וְהָרָע עִם כָּל זֶה הַטּוֹב אֵינוֹ כּוֹבְשׁוֹ אֶלָּא פּוֹרֵחַ וְעוֹלֶה עַד לִמְאֹד וְנִכְלָל מִצְוָה בְּמִצְוָה וְנִבְנֶה מִמֶּנּוּ בִּנְיָן וּלְבוּשׁ נִכְבָּד וַעֲוֹנוֹת אֵין לָהֶם סְגֻלָּה זוֹ אֶלָּא כּוֹבֵשׁ אוֹתָם שֶׁלֹּא יַצְלִיחוּ הַצְלָחָה זוֹ וְלֹא יִכָּנְסוּ פְּנִימָה.

אַף מִדָּה זוֹ צָרִיךְ הָאָדָם לְהִתְנַהֵג בָּהּ שֶׁלֹּא יִכְבֹּשׁ טוֹבַת חֲבֵרוֹ וְיִזְכֹּר רָעָתוֹ שֶׁגְּמָלָהוּ אֶלָּא אַדְּרַבָּה יִכְבֹּשׁ הָרַע וְיִשְׁכָּחֵהוּ וְיַזְנִיחֵהוּ וְלֹא יָגוּר בִּמְגוּרוֹ רָע וְתִהְיֶה הַטּוֹבָה סְדוּרָה תָּמִיד לְפָנָיו וְיִזְכֹּר לוֹ הַטּוֹבָה וְיַגְבִּיר לוֹ עַל כָּל הַמַּעֲשִׂים שֶׁעָשָׂה לוֹ וְלֹא יְנַכֶּה בְּלִבּוֹ וְיֹאמַר אִם עָשָׂה לִי טוֹבָה הֲרֵי עָשָׂה לִי רָעָה וְיִשְׁכַּח הַטּוֹבָה לֹא יַעֲשֶׂה כֵן אֶלָּא בְּרָעָה יִתְרַצֶּה כָּל דֶּרֶךְ רִצּוּי שֶׁיּוּכַל וְהַטּוֹבָה אַל יַזְנִיחָהּ לְעוֹלָם מִבֵּין עֵינָיו וְיַעֲלִים עֵינוֹ מִן הָרָעָה כָּל מַה שֶּׁיּוּכַל כְּדֶרֶךְ שֶׁהַקָּדוֹשׁ בָּרוּךְ הוּא כּוֹבֵשׁ עֲוֹנוֹת כְּדְפֵרַשְׁתִּי:

הט' - וְתַשְׁלִיךְ בִּמְצֻלוֹת יָם כָּל חַטֹּאותָם

זוֹ מִדָּה טוֹבָה לְהַקָּדוֹשׁ בָּרוּךְ הוּא שֶׁהֲרֵי יִשְׂרָאֵל חָטְאוּ מְסָרָם בְּיַד פַּרְעֹה וְשָׁבוּ בִּתְשׁוּבָה לָמָּה יַעֲנִישׁ פַּרְעֹה וְכֵן סַנְחֵרִיב וְכֵן הָמָן וְדוֹמֵיהֶם אֵין הַקָּדוֹשׁ בָּרוּךְ הוּא מִתְנַחֵם בִּלְבַד לוֹמַר שֶׁשָּׁבוּ בִּתְשׁוּבָה אִם כֵּן לֹא יִהְיֶה לָהֶם עוֹד רָעָה אִם כֵּן יִסְתַּלֵּק הָמָן מֵעֲלֵיהֶם אוֹ פַּרְעֹה אוֹ סַנְחֵרִיב זֶה לֹא יַסְפִּיק אֶלָּא יָשׁוּב עֲמַל הָמָן עַל רֹאשׁוֹ וְכֵן פַּרְעֹה וְכֵן סַנְחֵרִיב וְהַטַּעַם לְהַנְהָגָה זוֹ הִיא בְּסוֹד[15] - וְנָשָׂא הַשָּׂעִיר עָלָיו אֶת כָּל עֲוֹנֹתָם אֶל אֶרֶץ גְּזֵרָה, וּפֵרוּשׁוֹ שֶׁהַשָּׂעִיר נוֹשֵׂא עֲוֹנוֹת מַמָּשׁ, וְזֶה קָשֶׁה מְאֹד וְכִי יִשְׂרָאֵל חָטְאוּ וְהַשָּׂעִיר נוֹשֵׂא. אֶלָּא הַמִּדָּה הִיא כָּךְ הָאָדָם מִתְוַדֶּה וְכַוָּנָתוֹ בַּוִּדּוּי לְקַבֵּל עָלָיו טָהֳרָה כְּעִנְיַן שֶׁאָמַר דָּוִד[16] - הֶרֶב כַּבְּסֵנִי מֵעֲוֹנִי, וְכֵן הוּא אֲמָרֵנוּ[17] - מְרוֹק בְּרַחֲמֶיךָ הָרַבִּים, אֵינוֹ מִתְפַּלֵּל אֶלָּא שֶׁיִּהְיוּ יִסּוּרִים קַלִּים שֶׁלֹּא יִהְיֶה בָּהֶם בִּטּוּל תּוֹרָה. וְזֶה שֶׁאוֹמְרִים[18] - אֲבָל לֹא עַל יְדֵי יִסּוּרִים רָעִים, וְכָךְ הוּא מְכַוֵּן בִּהְיוֹתוֹ אוֹמֵר[19] - וְאַתָּה צַדִּיק עַל כָּל הַבָּא עָלַי, מַמָּשׁ הוּא מְקַבֵּל יִסּוּרִים בְּסֵבֶר פָּנִים יָפוֹת לְהִתְכַּפֵּר מִפְּנֵי שֶׁיֵּשׁ עֲוֹנוֹת שֶׁיִּסּוּרִים מְמָרְקִים אוֹ מִיתָה מְמָרֶקֶת. וְכָךְ הִיא הַמִּדָּה מִיַּד שֶׁזֶּה מִתְוַדֶּה בִּתְפִלָּתוֹ וּפֵרְשׁוּ בַּזֹּהַר בְּפָרָשַׁת פְּקוּדֵי[20] - שֶׁהוּא חֵלֶק סמא"ל כְּעֵין הַשָּׂעִיר, מַהוּ חֶלְקוֹ שֶׁהַקָּדוֹשׁ בָּרוּךְ הוּא גּוֹזֵר עָלָיו יִסּוּרִים וּמִיַּד מִזְדַּמֵּן שָׁם סמא"ל וְהוֹלֵךְ וְגוֹבֶה חוֹבוֹ וַהֲרֵי נוֹשֵׂא הַשָּׂעִיר הָעֲוֹנוֹת שֶׁהַקָּדוֹשׁ בָּרוּךְ הוּא נוֹתֵן לוֹ רְשׁוּת לִגְבּוֹת חוֹבוֹ וְיִשְׂרָאֵל מִתְטַהֲרִים וְהִנֵּה הַכֹּל יִתְגַּלְגֵּל עַל סמא"ל, וְהַטַּעַם שֶׁהַקָּדוֹשׁ

---

15 וַיִּקְרָא טז כב

16 תְּהִלִּים נא ד

17 אָבִינוּ מַלְכֵּנוּ דַּעֲשֶׂרֶת יְמֵי תְּשׁוּבָה

18 גְּמָרָא ברכות יז א

19 נְחֶמְיָה א לג

20 זוֹהַר פְּקוּדֵי דַּף רס"ב ע"ב

בָּרוּךְ הוּא גָּזַר עַל עוֹלָמוֹ שֶׁכָּל מִי שֶׁיַּעֲשֶׂה כֵן יִתְבַּטֵּל, וְזֶה טַעַם[21] - וְאֶת הַבְּהֵמָה תַּהֲרֹגוּ, וְכֵן[22] - הָאֶבֶן שֶׁל מִצְוַת הַנִּסְקָלִין וְהַסַּיִף שֶׁל מִצְוַת הַנֶּהֱרָגִין טְעוּנִין קְבוּרָה, לְבַטֵּל מְצִיאוּתָם וְכֹחָם אַחַר שֶׁיִּגְמֹר דִּינָם.

וַהֲרֵי בָּזֶה מַמָּשׁ סוֹד הַצֶּלֶם שֶׁל נְבוּכַדְנֶאצַּר נִמְסְרוּ יִשְׂרָאֵל בְּיַד מֶלֶךְ בָּבֶל[23] - רֵישָׁא דִּי דַהֲבָא, נִכְנַע הַהוּא רֵישָׁא וְנִמְסְרוּ בְּיַד פָּרַס שֶׁהֵן[24] - חֲדוֹהִי וּדְרָעוֹהִי דִּי כְסַף, וְכֵן נִדְחוּ אֵלּוּ מִפְּנֵי אֵלּוּ עַד שֶׁיָּרְדוּ יִשְׂרָאֵל לְ[25] - רַגְלוֹהִי מִנְּהֵון דִּי פַרְזֶל וּמִנְּהֵון דִּי חֲסַף, וּמַה יִּהְיֶה תַּכְלִית הַטּוֹב בַּסּוֹף הַקָּדוֹשׁ בָּרוּךְ הוּא מַעֲמִידָם וְעוֹשֶׂה בָּהֶם דִּין כִּדְכְתִיב[26] - חִצַּי אֲכַלֶּה בָּם, חִצַּי כָּלִים וְיִשְׂרָאֵל אֵינָם כָּלִים, בֵּאדַיִן[27] דָּקוּ כַּחֲדָא דַּהֲבָא כַּסְפָּא וּנְחָשָׁא וְכוּ'. הִנֵּה בַּהַתְחָלָה כְּתִיב[28] - וּמָחַת לְצַלְמָא עַל רַגְלוֹהִי, אֵין מִכָּל הַצֶּלֶם אֶלָּא רַגְלָיו שֶׁכְּבָר נִתְבַּטֵּל כֹּחָם וְעָבְרוּ רֹאשׁ וּדְרָעוֹהִי וּמְעוֹהִי וְעִם כָּל זֶה בַּסּוֹף דָּקוּ כַּחֲדָא, עָתִיד הַקָּדוֹשׁ בָּרוּךְ הוּא לְהַעֲמִיד סמא"ל וְהָרְשָׁעִים עוֹשֵׂי מַעֲשָׂיו וּפְעֻלּוֹתָיו וַיַּעֲשֶׂה בָּהֶם הַדִּין. וְהַיְנוּ - וְתַשְׁלִיךְ בִּמְצֻלוֹת יָם כָּל חַטֹּאותָם, יִרְצֶה הִשְׁלִיךְ כֹּחַ הַדִּין לְהַפִּיל עַל יְדֵי אֵלּוּ שֶׁהֵם מְצוּלוֹת יָם[29] - וְהָרְשָׁעִים כַּיָּם נִגְרָשׁ כִּי הַשְׁקֵט לֹא יוּכָל וַיִּגְרְשׁוּ מֵימָיו רֶפֶשׁ וָטִיט, אֵלּוּ הֵם הָעוֹשִׂים דִּין בְּיִשְׂרָאֵל שֶׁיָּשׁוּב אַחַר כָּךְ כָּל גְּמוּלָם בְּרֹאשָׁם, וְהַטַּעַם מִפְּנֵי שֶׁאַחַר

21 וַיִּקְרָא כ טו
22 גְּמָרָא סַנְהֶדְרִין מה ב
23 דָּנִיֵּאל ב לב
24 דָּנִיֵּאל ב לב
25 דניאל ב לג
26 דְּבָרִים לב כג
27 דניאל ב לה
28 דניאל ב לד
29 יְשַׁעְיָהוּ נז כ

שֶׁיִּשְׂרָאֵל קִבְּלוּ הַדִּין הַקָּדוֹשׁ בָּרוּךְ הוּא מִתְנַחֵם אֲפִלּוּ עַל מַה שֶּׁקָּדַם וְתוֹבֵעַ עֶלְבּוֹנָם וְלֹא דַּי אֶלָּא[30] - אֲנִי קָצַפְתִּי מְעַט וְהֵמָּה עָזְרוּ לְרָעָה.

גַּם בְּמִדָּה זוֹ צָרִיךְ לְהִתְנַהֵג הָאָדָם עִם חֲבֵרוֹ, אֲפִלּוּ שֶׁיִּהְיֶה רָשָׁע מְדֻכָּא בְּיִסּוּרִין אַל יִשְׂנָאֵהוּ שֶׁאַחַר שֶׁנִּקְלָה[31] הֲרֵי הוּא כְּאָחִיךָ, וִיקָרֵב הַמְּרוּדִים וְהַנֶּעֱנָשִׁים וִירַחֵם עֲלֵיהֶם וְאַדְּרַבָּה יַצִּילֵם מִיַּד אוֹיֵב וְאַל יֹאמַר עֲוֹנוֹ גָּרַם לוֹ אֶלָּא יְרַחֲמֵהוּ בְּמִדָּה זוֹ כִּדְפֵרַשְׁתִּי:

הַי' - תִּתֵּן אֱמֶת לְיַעֲקֹב

מִדָּה זוֹ הִיא, שֶׁיֵּשׁ בְּיִשְׂרָאֵל מַעֲלָה, אִתָּם הַבֵּינוֹנִיִּים שֶׁאֵינָם יוֹדְעִים לְהִתְנַהֵג לִפְנִים מִשּׁוּרַת הַדִּין וְהֵם נִקְרָאִים יַעֲקֹב מִפְּנֵי שֶׁאֵינָם מִתְנַהֲגִים אֶלָּא עִם הַנְהָגוֹת אֲמִתִּיּוֹת גַּם הַקָּדוֹשׁ בָּרוּךְ הוּא יֵשׁ לוֹ מִדַּת אֱמֶת שֶׁהוּא עַל צַד מְצִיאוּת הַמִּשְׁפָּט הַיָּשָׁר, וְאֵלּוּ הֵם הַמִּתְנַהֲגִים בָּעוֹלָם בְּיֹשֶׁר וְהַקָּדוֹשׁ בָּרוּךְ הוּא מִתְנַהֵג עִמָּהֶם בֶּאֱמֶת מְרַחֵם עֲלֵיהֶם עַל צַד הַיֹּשֶׁר וְהַמִּשְׁפָּט.

גַּם כֵּן הָאָדָם צָרִיךְ לְהִתְנַהֵג עִם חֲבֵרוֹ עַל צַד הַיֹּשֶׁר וְהָאֱמֶת בְּלִי לְהַטּוֹת מִשְׁפַּט חֲבֵרוֹ לְרַחֵם עָלָיו בֶּאֱמֶת כְּמוֹ שֶׁהַשֵּׁם יִתְבָּרֵךְ מְרַחֵם עַל הַבְּרִיּוֹת הַבֵּינוֹנִיִּים בְּמִדַּת אֱמֶת לְתַקֵּן אֹתָם:

הַי"א - חֶסֶד לְאַבְרָהָם

הֵם הַמִּתְנַהֲגִים בָּעוֹלָם לִפְנִים מִשּׁוּרַת הַדִּין כְּאַבְרָהָם אָבִינוּ גַּם הַקָּדוֹשׁ בָּרוּךְ הוּא מִתְנַהֵג עִמָּהֶם לִפְנִים מִשּׁוּרַת הַדִּין, אֵינוֹ מַעֲמִיד עִמָּהֶם הַדִּין עַל תּוֹקְפּוֹ אַף לֹא כְּדֶרֶךְ הַיֹּשֶׁר אֶלָּא

30 זְכַרְיָה א טו
31 גְּמָרָא מַכּוֹת כג א

נִכְנַס עִמָּהֶם לִפְנִים מִן הַיֹּשֶׁר כְּמוֹ שֶׁהֵם מִתְנַהֲגִים, וְהַיְנוּ - חֶסֶד לְאַבְרָהָם, הַקָּדוֹשׁ בָּרוּךְ הוּא מִתְנַהֵג בְּמִדַּת חֶסֶד עִם אוֹתָם שֶׁהֵם כְּמוֹ אַבְרָהָם בְּהִתְנַהֲגוּת.

גַּם הָאָדָם עִם הֱיוֹת שֶׁעִם כָּל אָדָם יִהְיֶה מִתְנַהֵג בְּצֶדֶק וּבְיֹשֶׁר וּבְמִשְׁפָּט, עִם הַטּוֹבִים וְהַחֲסִידִים תִּהְיֶה הַנְהָגָתוֹ לְפָנִים מִשּׁוּרַת הַדִּין. וְאִם לִשְׁאָר הָאָדָם הָיָה סַבְלָן קְצָת לְאֵלּוּ יוֹתֵר וְיוֹתֵר, וִירַחֵם עֲלֵיהֶם לִכָּנֵס עִמָּהֶם לִפְנִים מִשּׁוּרַת הַדִּין שֶׁהוּא מִתְנַהֵג בָּהּ עִם שְׁאָר הָאָדָם וְצָרִיךְ שֶׁיִּהְיוּ אֵלּוּ חֲשׁוּבִים לְפָנָיו מְאֹד מְאֹד וַחֲבִיבִים לוֹ וְהֵם יִהְיוּ מֵאַנְשֵׁי חֶבְרָתוֹ:

הי"ב - אֲשֶׁר נִשְׁבַּעְתָּ לַאֲבֹתֵינוּ

יֵשׁ בְּנֵי אָדָם שֶׁאֵינָם הֲגוּנִים וְהַקָּדוֹשׁ בָּרוּךְ הוּא מְרַחֵם עַל כֻּלָּם וּפֵרְשׁוּ בַּגְּמָרָא[32] - וְחַנֹּתִי[33] אֶת אֲשֶׁר אָחֹן, אָמַר הַקָּדוֹשׁ בָּרוּךְ הוּא אוֹצָר זֶה לְאוֹתָם שֶׁאֵינָם הֲגוּנִים יֵשׁ אוֹצַר חִנּוּנִים שֶׁהַקָּדוֹשׁ בָּרוּךְ הוּא חוֹנֵן וְנוֹתֵן לָהֶם מַתְּנַת חִנָּם לְפִי שֶׁאָמַר הַקָּדוֹשׁ בָּרוּךְ הוּא הֲרֵי יֵשׁ לָהֶם זְכוּת אָבוֹת, אֲנִי נִשְׁבַּעְתִּי לָאָבוֹת אִם כֵּן עִם הֱיוֹת שֶׁאֵינָם הֲגוּנִים יִזְכּוּ בִּשְׁבִיל שֶׁהֵם מִזֶּרַע הָאָבוֹת שֶׁנִּשְׁבַּעְתִּי לָהֶם לְפִיכָךְ אֲנְהִילֵם וַאֲנְהִיגֵם עַד שֶׁיִּתְקָנוּ.

וְכָךְ יִהְיֶה הָאָדָם אַף אִם יִפְגַּע בָּרְשָׁעִים אַל יִתְאַכְזֵר כְּנֶגְדָּם אוֹ יְחָרְפֵם וְכַיּוֹצֵא, אֶלָּא יְרַחֵם עֲלֵיהֶם, וְיֹאמַר סוֹף סוֹף הֵם בְּנֵי אַבְרָהָם יִצְחָק וְיַעֲקֹב, אִם הֵם אֵינָם כְּשֵׁרִים, אֲבוֹתֵיהֶם כְּשֵׁרִים וַהֲגוּנִים, וְהַמְּבַזֶּה הַבָּנִים מְבַזֶּה הָאָבוֹת, אֵין רְצוֹנִי שֶׁיִּתְבַּזּוּ אֲבוֹתֵיהֶם עַל יָדִי, וּמְכַסֶּה עֶלְבּוֹנָם וּמְתַקְּנָם כְּפִי כֹּחוֹ.

---

32 גְּמָרָא בְּרָכוֹת ז א

33 שְׁמוֹת לג יט

הַי"ג - מִימֵי קֶדֶם

הֲרֵי מִדָּה שֶׁיֵּשׁ לְהַקָּדוֹשׁ בָּרוּךְ הוּא עִם יִשְׂרָאֵל כְּשֶׁתַּמָּה זְכוּת וְכַיּוֹצֵא מַה יַּעֲשֶׂה וַהֲרֵי הֵם מִצַּד עַצְמָם אֵינָם הֲגוּנִים, כְּתִיב[34] זָכַרְתִּי לָךְ חֶסֶד נְעוּרַיִךְ אַהֲבַת כְּלוּלֹתָיִךְ, מַמָּשׁ זוֹכֵר הַקָּדוֹשׁ בָּרוּךְ הוּא יְמֵי קַדְמוֹנִים, אַהֲבָה שֶׁהָיָה מִקֹּדֶם וּמְרַחֵם עַל יִשְׂרָאֵל וּבָזֶה יַזְכִּיר לָהֶם כָּל הַמִּצְוֹת שֶׁעָשׂוּ מִיּוֹם שֶׁנּוֹלְדוּ וְכָל מִדּוֹת טוֹבוֹת שֶׁהַקָּדוֹשׁ בָּרוּךְ הוּא מַנְהִיג בָּהֶם עוֹלָמוֹ וּמִכֻּלָּם עוֹשֶׂה סְגֻלָּה לְרַחֵם בִּשְׁבִילָם, וַהֲרֵי זוֹ הַמִּדָּה כּוֹלֶלֶת כָּל הַמִּדּוֹת כֻּלָּם כִּדְפֵרְשׁוּ בָּאִדְרָא, זוֹהַר נָשֹׂא דקל"ד ע"ב.

כָּךְ הָאָדָם יְתַקֵּן הַנְהָגָתוֹ עִם בְּנֵי אָדָם שֶׁאֲפִלּוּ שֶׁלֹּא יִמְצָא טַעֲנָה מֵאֵלּוּ הַנִּזְכָּרוֹת יֹאמַר כְּבָר הָיוּ שָׁעָה קֹדֶם שֶׁלֹּא חָטְאוּ וַהֲרֵי אַתָּה שָׁעָה אוֹ בְּיָמִים קַדְמוֹנִים הָיוּ כְּשֵׁרִים וְיִזְכֹּר לָהֶם הַטּוֹבָה שֶׁעָשׂוּ בְּקַטְנוּתָם וְיִזְכֹּר לָהֶם אַהֲבַת גְּמוּלֵי מֵחָלָב עַתִּיקֵי מִשָּׁדָיִם וּבָזֶה לֹא יִמָּצֵא אָדָם שֶׁאֵינוֹ רָאוּי לְהֵטִיבוֹ וּלְהִתְפַּלֵּל עַל שְׁלוֹמוֹ וּלְרַחֵם עָלָיו.

עַד כַּאן הִגִּיעַ שְׁלֹשׁ עֶשְׂרֵה מִדּוֹת שֶׁבָּהֶן יִהְיֶה הָאָדָם דּוֹמֶה אֶל קוֹנוֹ שֶׁהֵן מִדּוֹת שֶׁל רַחֲמִים עֶלְיוֹנוֹת וּסְגֻלָּתָן כְּמוֹ שֶׁיִּהְיֶה הָאָדָם מִתְנַהֵג לְמַטָּה כָּךְ יִזְכֶּה לִפְתֹּחַ לוֹ מִדָּה עֶלְיוֹנָה מִלְמַעְלָה מַמָּשׁ כְּפִי מַה שֶּׁיִּתְנַהֵג כָּךְ מַשְׁפִּיעַ מִלְמַעְלָה וְגוֹרֵם שֶׁאוֹתָהּ הַמִּדָּה תָּאִיר בָּעוֹלָם. וּלְכָךְ אַל יָלֻזוּ מֵעֵינֵי הַשֵּׂכֶל שְׁלֹשׁ עֶשְׂרֵה מִדּוֹת אֵלּוּ וְהַפָּסוּק לֹא יָסוּף מִפִּיו כְּדֵי שֶׁיִּהְיֶה לוֹ לְמַזְכֶּרֶת כַּאֲשֶׁר יָבֹא לוֹ מַעֲשֶׂה שֶׁיִּצְטָרֵךְ לְהִשְׁתַּמֵּשׁ בְּמִדָּה אַחַת מֵהֶן יִזְכֹּר וְיֹאמַר הֲרֵי דָּבָר זֶה תָּלוּי בְּמִדָּה פְּלוֹנִית אֵינִי רוֹצֶה לָזוּז מִמֶּנָּה שֶׁלֹּא תִתְעַלֵּם וְתִסְתַּלֵּק הַמִּדָּה הַהִיא מִן הָעוֹלָם:

---

[34] יִרְמְיָהוּ ב ב

פֶּרֶק ב

עוֹד, לִהְיוֹת הָאָדָם דּוֹמֶה לְקוֹנוֹ בְּסוֹד מִדַּת **הַכֶּתֶר** צָרִיךְ שֶׁיִּהְיוּ בּוֹ כַּמָּה גּוּפֵי פְּעֻלּוֹת שֶׁהֵם עִיקַּר הַהַנְהָגָה:

הָרִאשׁוֹנָה

הַכּוֹלֶלֶת הַכֹּל הִיא מִדַּת הָעֲנָוָה מִפְּנֵי שֶׁהִיא תְּלוּיָה בַּכֶּתֶר שֶׁהֲרֵי הִיא מִדָּה עַל כָּל הַמִּדּוֹת וְאֵינָהּ מִתְעַלֵּית וּמִתְגָּאָה לְמַעְלָה אָמְנָם יוֹרֶדֶת וּמִסְתַּכֶּלֶת לְמַטָּה תָּדִיר, וְזֶה מִשְּׁנֵי טְעָמִים: הָאֶחָד שֶׁהוּא בּוֹשׁ לְהִסְתַּכֵּל בְּסִבָּתוֹ אֶלָּא מַאֲצִילוֹ מַבִּיט בּוֹ תָּמִיד לְהֵטִיבוֹ וְהוּא מַבִּיט בַּתַּחְתּוֹנִים. כָּךְ הָאָדָם צָרִיךְ שֶׁיֵּבוֹשׁ מִלְּהִסְתַּכֵּל לְצַד מַעְלָה לְהִתְגָּאוֹת אֶלָּא תָּדִיר יִסְתַּכֵּל לְצַד מַטָּה לְהַפְחִית עַצְמוֹ כָּל מַה שֶּׁיּוּכַל. וַהֲרֵי הַמִּדָּה הַזֹּאת הִיא תְּלוּיָה דֶּרֶךְ כְּלָל בָּרֹאשׁ שֶׁאֵין הָאָדָם מִתְגָּאֶה אֶלָּא בַּהֲרָמַת רֹאשׁוֹ כְּלַפֵּי מַעְלָה וְהֶעָנִי מַשְׁפִּיל רֹאשׁוֹ לְמַטָּה. וַהֲרֵי אֵין סַבְלָן וְעָנָו כֵּאלֹהֵינוּ בְּמִדַּת הַכֶּתֶר שֶׁהוּא תַּכְלִית הָרַחֲמִים וְלֹא יִכָּנֵס לְפָנָיו שׁוּם פְּגַם וְלֹא עָוֹן וְלֹא דִּין וְלֹא שׁוּם מִדָּה מוֹנַעַת מִלְּהַשְׁגִּיחַ וּלְהַשְׁפִּיעַ וּלְהֵיטִיב תָּדִיר. כָּךְ צָרִיךְ הָאָדָם שֶׁשּׁוּם סִבָּה שֶׁבָּעוֹלָם לֹא תְּמַנְעֵהוּ מִלְּהֵטִיב וְשׁוּם עָוֹן אוֹ מַעֲשֶׂה בְּנֵי אָדָם בִּלְתִּי הָגוּן לֹא יִכָּנֵס לְפָנָיו כְּדֵי שֶׁיְּעַכְּבֵהוּ מִלְּהֵיטִיב לְאוֹתָם הַצְּרִיכִים טוֹבָתוֹ בְּכָל עֵת וּבְכָל רֶגַע. וּכְמוֹ שֶׁהוּא יֹשֵׁב וְזָן מִקַּרְנֵי רְאֵמִים וְעַד בֵּיצֵי כִנִּים וְאֵינוֹ מְבַזֶּה שׁוּם בְּרִיָּה שֶׁאִלּוּ יְבַזֶּה הַבְּרוּאִים מִפְּנֵי פְּחִיתוּתָם לֹא יִתְקַיְּמוּ בָּעוֹלָם אֲפִלּוּ רֶגַע, אֶלָּא מַשְׁגִּיחַ וְנוֹתֵן רַחֲמָיו עַל כֻּלָּם. כָּךְ צָרִיךְ שֶׁיִּהְיֶה הָאָדָם מֵטִיב לַכֹּל וְלֹא יִתְבַּזֶּה שׁוּם נִבְרָא לְפָנָיו אֶלָּא אֲפִלּוּ בְּרִיָּה קַלָּה שֶׁבַּקַּלִּים תִּהְיֶה מְאֹד חֲשׁוּבָה בְּעֵינָיו

וְיִתֵּן דַּעְתּוֹ עָלֶיהָ וְיֵיטִיב לְכָל הַמִּצְטָרֵךְ אֶל טוֹבָתוֹ, וְזוֹ מִדָּה תְּלוּיָה בַּכֶּתֶר בְּסוֹד הָרֹאשׁ דֶּרֶךְ כְּלָל:

הַשְּׁנִיָּה

מַחֲשַׁבְתּוֹ תִדְמֶה לְמַחְשֶׁבֶת הַכֶּתֶר. כְּמוֹ שֶׁאוֹתָהּ הַחָכְמָה לֹא תִפְסֹק תָּמִיד לַחְשֹׁב מַחֲשָׁבוֹת טוֹבוֹת, וְהָרַע לֹא יִכָּנֵס בָּהּ מִפְּנֵי שֶׁהִיא רַחֲמִים גְּמוּרִים, וְאֵין שָׁם דִּין וְלֹא שׁוּם קֹשִׁי כְּלָל, כָּךְ הָאָדָם תָּמִיד תִּהְיֶה מַחֲשַׁבְתּוֹ פְּנוּיָה מִכָּל דָּבָר מְכֹעָר. וּכְמוֹ שֶׁהִיא סוֹד חָכְמָה תּוֹרָה קְדוּמָה, וְלֹא יֶחְסַר שָׁם סוֹד תּוֹרָה, כָּךְ לֹא יִפְנֶה אֶל שׁוּם פְּנִיָּה חוּץ מִמַּחְשֶׁבֶת הַתּוֹרָה וְלַחְשֹׁב בְּגַדְלוּת הָאֵל וּפְעֻלּוֹתָיו הַטּוֹבוֹת וּלְהֵיטִיב וְכַיּוֹצֵא.

כְּלָלוֹ שֶׁל דָּבָר - לֹא יִכָּנֵס זָר וּבָטֵל בְּמַחֲשַׁבְתּוֹ, וְזוֹ הָיְתָה מַעֲלַת רַבִּי שִׁמְעוֹן וַחֲבֵרָיו. וְהִנֵּה כְּשֶׁהִפְרִיד רַבִּי יוֹסֵי מַחֲשַׁבְתּוֹ מְעַט, כַּמָּה הוֹכִיחוֹ רַבִּי שִׁמְעוֹן בַּזֹּהַר בְּפָרָשַׁת וַיַּקְהֵל:

הַשְּׁלִישִׁית

מִצְחוֹ לֹא יִהְיֶה בּוֹ קֹשִׁי כְּלָל, אֶלָּא יִדְמֶה תָּמִיד לְמֵצַח הָרָצוֹן; שֶׁיְּרַצֶּה אֶת הַכֹּל, אֲפִלּוּ שֶׁיִּמְצָא בְּנֵי אָדָם כּוֹעֲסִים יְרַצֵּם וְיַשְׁקִיטֵם בִּרְצוֹנוֹ הַטּוֹב, שֶׁכֵּן מֵצַח הָרָצוֹן הוּא תָּמִיד רוֹצֶה וּמְרַצֶּה הַגְּבוּרוֹת וּמְתַקְּנָם, אַף הוּא יְרַצֶּה הַגִּבּוֹרִים הַמִּתְגַּבְּרִים כַּעֲסָם, וְהוּא יְנַהֲלֵם בְּרָצוֹן טוֹב וִישַׁתֵּף שָׁם חָכְמָה גְּדוֹלָה לְהַשְׁבִּית הַכַּעַס, שֶׁלֹּא יַעֲבֹר הַגְּבוּל וִיקַלְקֵל חַס וְשָׁלוֹם, וְיֵעָשֶׂה דֻּגְמָא לְרָצוֹן הָעֶלְיוֹן שֶׁהוּא נִמְשָׁךְ מִן הַחָכְמָה הַנִּפְלָאָה בְּמִצְחָא דְעַתִּיקָא וּמִשָּׁם מְרַצֶּה הַכֹּל.

וְזֶה יִמָּשֵׁךְ לִהְיוֹתוֹ תָּמִיד נַחַ לַבְּרִיּוֹת, שֶׁאִם מִדּוֹתָיו קָשׁוֹת מִצַּד אֶחָד עִם בְּנֵי אָדָם, לֹא יִתְרַצּוּ מִמֶּנּוּ. וְזֶה טַעַם הַמִּשְׁנָה כָּל שֶׁרוּחַ הַבְּרִיּוֹת נוֹחָה הֵימֶנּוּ, רוּחַ הַמָּקוֹם נוֹחָה הֵימֶנּוּ:

הָרְבִיעִית

שֶׁיִּהְיוּ אָזְנָיו נוֹטוֹת תָּמִיד לִשְׁמֹעַ הַטּוֹב, אָמְנָם שֵׁמַע שָׁוְא אוֹ הַמְּגֻנֶּה לֹא יִכָּנֵס בָּהֶם כְּלָל, כְּדֶרֶךְ שֶׁסּוֹד הָאֻזֶּן הָעֶלְיוֹנָה אֵין שׁוּם צַעֲקַת דִּין וְלֹא פְּגַם לָשׁוֹן הָרָע נִכְנָס שָׁם, כָּךְ לֹא יַאֲזִין אֶלָּא הַטּוֹבוֹת וְהַדְּבָרִים הַמּוֹעִילִים, וּשְׁאָר דְּבָרִים הַמַּגְבִּירִים כַּעַס לֹא יַאֲזִין אֲלֵיהֶם כְּלָל, וּכְמוֹ שֶׁהַנָּחָשׁ וְדִבּוּרוֹ וּלְשׁוֹנוֹ אֵינוֹ נִכְנָס לְמַעְלָה, כָּךְ לֹא יִכָּנֵס אֵלָיו שׁוּם דָּבָר מְגֻנֶּה. וְהַיְנוּ[1] - לֹא תִשָּׂא שֵׁמַע שָׁוְא, כָּל שֶׁכֵּן שְׁאָר הַמְּגֻנֶּה שֶׁלֹּא יִכָּנֵס לְאָזְנוֹ כְּלָל, וְלֹא תִהְיֶה קַשֶּׁבֶת אֶלָּא אֶל הַדְּבָרִים הַטּוֹבִים.

הַחֲמִישִׁית

עֵינָיו לֹא יִסְתַּכֵּל בָּהֶן כְּלָל בְּשׁוּם דָּבָר מְגֻנֶּה. אָמְנָם תִּהְיֶינָה תָמִיד פְּקֻחוֹת לְהַשְׁגִּיחַ וּלְרַחֵם עַל הָאֻמְלָלִים כְּפִי כֹחוֹ, וּכְשֶׁיִּרְאֶה בְּצָרַת עָנִי לֹא יַעֲצִים עֵינָיו כְּלָל, אֶלָּא יִתְבּוֹנֵן בְּדַעְתּוֹ עָלָיו כְּפִי כֹחוֹ וִיעוֹרֵר רַחֲמִים עָלָיו בִּפְנֵי שָׁמַיִם וּבִפְנֵי הַבְּרִיּוֹת. וְיִתְרַחֵק מִכָּל הַשְׁגָּחָה רָעָה, כְּדֶרֶךְ שֶׁהָעַיִן הָעֶלְיוֹנָה פְּקוּחָה וּמִסְתַּכֶּלֶת מִיַּד אֶל הַטּוֹב:

הַשִּׁשִּׁית

בְּחָטְמוֹ מֵעוֹלָם לֹא יִמָּצֵא בוֹ חֲרוֹן אַף כְּלָל, אֶלָּא תָמִיד בְּאַפּוֹ חַיִּים וְרָצוֹן טוֹב וַאֲרִיכוּת אַף, אֲפִלּוּ לְאוֹתָם שֶׁאֵינָם הֲגוּנִים. וְתָמִיד רוֹצֶה לְמַלְּאוֹת רָצוֹן וּלְהָפִיק כָּל שְׁאֵלָה וּלְהַחֲיוֹת כָּל נִדְכֶּה, וּמוֹצִיא מֵחָטְמוֹ תָמִיד מְחִילַת עָוֹן וְהַעֲבָרַת פֶּשַׁע, וְאֵינוֹ

[1] שְׁמוֹת כג א

כּוֹעֵס בַּחֹטֵא לוֹ, אֶלָּא מִתְרַצֶּה תָּמִיד וְחָפֵץ חֶסֶד לַעֲשׂוֹת נַחַת רוּחַ לַכֹּל:

הַשְּׁבִיעִית

פָּנָיו תִּהְיֶינָה מְאִירוֹת תָּמִיד וִיקַבֵּל כָּל אָדָם בְּסֵבֶר פָּנִים יָפוֹת, שֶׁכֵּן בְּכֶתֶר עֶלְיוֹן נֶאֱמַר[2] - בְּאוֹר פְּנֵי מֶלֶךְ חַיִּים, וְאֵין שׁוּם אֹדֶם וְדִין נִכְנָס שָׁם כְּלָל, כָּךְ אוֹר פָּנָיו לֹא יְשֻׁנֶּה וְכָל הַמִּסְתַּכֵּל בָּהֶם לֹא יִמְצָא אֶלָּא שִׂמְחָה וְסֵבֶר פָּנִים וְשׁוּם סִבָּה לֹא תַטְרִידֵהוּ מִזֶּה כְּלָל:

הַשְּׁמִינִית

פִּיו לֹא יוֹצִיא אֶלָּא טוֹבָה, וְגִזְרַת אֲמָרָיו תּוֹרָה וַהֲפָקַת רָצוֹן טוֹב תָּמִיד, וְלֹא יוֹצִיא מִפִּיו דָּבָר מְגֻנֶּה וְלֹא קְלָלָה וְלֹא רֹגֶז כַּעַס כְּלָל וְלֹא דְּבָרִים בְּטֵלִים, וְיִהְיֶה דּוֹמֶה לְאוֹתוֹ הַפֶּה הָעֶלְיוֹן שֶׁאֵינוֹ נִסְתָּם כְּלָל, וְלֹא יִמְנַע טוֹב תָּמִיד, וְלָכֵן צָרִיךְ שֶׁלֹּא יֶחֱשֶׁה מִלְּדַבֵּר טוֹבָה עַל הַכֹּל וּלְהוֹצִיא מִפִּיו טוֹבָה וּבְרָכָה תָּמִיד.

הֲרֵי אֵלֶּה שְׁמֹנֶה מִדּוֹת טוֹבוֹת וְכֻלָּן תַּחַת דֶּגֶל הָעֲנָוָה שֶׁכֻּלָּן לְמַעְלָה בַּכֶּתֶר בָּאֵבָרִים הָעֶלְיוֹנִים. וּבָעֵת שֶׁיִּרְצֶה הָאָדָם לְהִתְקָרֵב לְמַעְלָה לְהִדָּמוֹת אֵלָיו לִפְתֹּחַ מְקוֹרוֹתָיו אֶל הַתַּחְתּוֹנִים צָרִיךְ שֶׁיִּשְׁתַּלֵּם בִּשְׁנֵי פְּרָקִים אֵלּוּ.

מָתַי צָרִיךְ לְהִתְנַהֵג בְּמִדּוֹת הַכֶּתֶר

אָמְנָם יָדַעְנוּ שֶׁאִי אֶפְשָׁר לְהִתְנַהֵג בְּאֵלּוּ הַמִּדּוֹת תָּמִיד, מִפְּנֵי שֶׁיֵּשׁ מִדּוֹת אֲחֵרוֹת שֶׁהָאָדָם צָרִיךְ לְהִשְׁתַּלֵּם בָּהֶן וְהֵן מֵהַגְּבוּרוֹת הַתַּחְתּוֹנוֹת, כַּאֲשֶׁר נְבָאֵר. אֲבָל יֵשׁ יָמִים יְדוּעִים

[2] מִשְׁלֵי טז טו

שֶׁאֵין הַגְּבוּרוֹת פּוֹעֲלוֹת וְאֵין בְּנֵי אָדָם צְרִיכִים אֲלֵיהֶן, לְפִי שֶׁהַכֶּתֶר שׁוֹלֵט בָּהֶם, אוֹ שָׁעוֹת שֶׁהַכֶּתֶר מִתְבַּקֵּשׁ, אָז צָרִיךְ שֶׁיִּשְׁתַּמֵּשׁ בְּכָל אֵלֶּה הַמִּדּוֹת שֶׁזְּכַרְנוּ.

אָמְנָם שְׁאָר הַמִּדּוֹת עִם הֱיוֹת שֶׁהֵם צֹרֶךְ עֲבוֹדָה בִּשְׁעָתָן, אֵין עֵת עַתָּה לְהִשְׁתַּמֵּשׁ בָּהֶן, מִפְּנֵי שֶׁאוֹר הַכֶּתֶר מְבַטְּלָן. וְכָךְ הוּא לֹא יִשְׁתַּמֵּשׁ בְּאוֹתָן הַמִּדּוֹת הַקָּשׁוֹת, כְּגוֹן שַׁבָּת שֶׁהָעוֹלָם מִתְתַּקֵּן בְּסוֹד עֹנֶג וְאֵין דָּנִין בְּשַׁבָּת, אָז יִשְׁתַּמֵּשׁ בְּמִדּוֹת אֵלּוּ כֻּלָּן, כְּדֵי לִפְתֹּחַ הַמְּקוֹרוֹת הָעֶלְיוֹנִים. שֶׁאִלּוּ יְכַוֵּן בְּכַוָּנָתוֹ אֶל אוֹרוֹת הַכֶּתֶר בִּתְפִלּוֹתָיו וְהוּא יִפְעֹל בִּפְעֻלּוֹתָיו בְּהֵפֶךְ, הֵיאַךְ יִפָּתַח מְקוֹר הַכֶּתֶר, וַהֲרֵי הוּא דוֹחֵהוּ מַמָּשׁ בְּמַעֲשָׂיו. וַהֲרֵי הַדְּבָרִים קַל וָחֹמֶר, אִם הַסְּפִירוֹת הָעֶלְיוֹנוֹת מַגְבִּירוֹת הַדִּינִים הַקְּדוֹשִׁים וְהַכַּעַס, הַקָּדוֹשׁ לֹא יִשְׁרֶה הַכֶּתֶר בָּהֶן, אִם הָאָדָם יַגְבִּיר הַכַּעַס הַחִיצוֹנִי אֲפִלּוּ יִהְיֶה לְשֵׁם שָׁמַיִם, כָּל שֶׁכֵּן שֶׁלֹּא יִשְׁרֶה הַכֶּתֶר וְאוֹרוֹ עָלָיו. וּמַה גַּם שֶׁהוּא בָּא לְעוֹרְרוֹ עַל הַמִּדּוֹת הָעֶלְיוֹנוֹת, וְהֵן אוֹמְרוֹת כַּמָּה עַזּוּת פָּנִים יֵשׁ בּוֹ, אֵין אוֹר הַכֶּתֶר מִתְגַּלֶּה בָּנוּ, מִפְּנֵי דִּינֵנוּ הַקָּדוֹשׁ וְהַטָּהוֹר, וְהוּא רוֹצֶה לְגַלּוֹתוֹ מָלֵא כַּעַס וּפְעֻלּוֹת מְגֻנּוֹת חִצוֹנוֹת.

לָכֵן צָרִיךְ הָאָדָם בְּיָמִים טוֹבִים וּבַשַּׁבָּתוֹת וּבְיוֹם הַכִּפּוּרִים וּבִשְׁעַת הַתְּפִלָּה וּשְׁעוֹת עֵסֶק הַתּוֹרָה שֶׁאֵינָן שְׁעוֹת הַגְּבוּרוֹת, אֶלָּא שָׁעוֹת גִּלּוּי הָרָצוֹן הָעֶלְיוֹן, לְכוֹנֵן דֵּעוֹתָיו בְּמִדּוֹת הָאֵלּוּ כֻּלָּן. וּשְׁאָר שָׁעוֹת יִשְׁתַּמֵּשׁ בְּמִדּוֹת הַנִּשְׁאָרוֹת לַעֲבוֹדַת ה', לֹא הַמְגֻנֶּה מֵהֶן, שֶׁאֵין לוֹ עֵת לִשְׁלוֹט בָּאָדָם אֶלָּא לְרָעָתוֹ, כַּאֲשֶׁר נְבָאֵר. וְאָז כַּאֲשֶׁר יִשְׁתַּמֵּשׁ בְּמִדּוֹת אֵלּוּ יִהְיֶה נָכוֹן וּבָטוּחַ שֶׁיִּפָּתַח הַמְּקוֹרוֹת הָעֶלְיוֹנִים. לְפִיכָךְ צָרִיךְ כָּל אָדָם לְהַרְגִּיל עַצְמוֹ בְּאֵלּוּ הַמִּדּוֹת מְעַט מְעַט, וְהָעִקָּרִית שֶׁיִּתְפֹּס, שֶׁהִיא

מַפְתֵּחַ הַכֹּל - הָעֲנָוָה, מִפְּנֵי שֶׁהִיא רֹאשׁ לְכֻלָּן, בִּבְחִינָה רִאשׁוֹנָה בַּכֶּתֶר, וְתַחְתֶּיהָ יֻכְלַל הַכֹּל.

וְהִנֵּה עִיקַּר הָעֲנָוָה הוּא שֶׁלֹּא יִמְצָא בְּעַצְמוֹ עֵרֶךְ כְּלָל, אֶלָּא יַחְשֹׁב שֶׁהוּא הָאַיִן, וּכְמַאֲמַר הֶעָנָיו[3] - וְנַחְנוּ מָה כִּי תַלִּינוּ עָלֵינוּ. עַד שֶׁיִּהְיֶה הוּא בְּעֵינָיו הַבְּרִיָּה הַשְּׁפֵלָה שֶׁבְּכָל הַנִּבְרָאִים, וּבָזוּי וּמָאוּס מְאֹד. וְכַאֲשֶׁר יִיגַע תָּמִיד לְהַשִּׂיג הַמִּדָּה הַזֹּאת, כָּל שְׁאָר הַמִּדּוֹת נִגְרָרוֹת אַחֲרֶיהָ. שֶׁהֲרֵי הַכֶּתֶר הַמִּדָּה הָרִאשׁוֹנָה אֲשֶׁר בּוֹ, שֶׁנִּרְאֶה עַצְמוֹ לְאַיִן לִפְנֵי מַאֲצִילוֹ, כָּךְ יָשִׂים הָאָדָם עַצְמוֹ אַיִן מַמָּשׁ, וְיַחְשֹׁב הֶעְדֵּרוֹ טוֹב מְאֹד מִן הַמְּצִיאוּת, וּבָזֶה יִהְיֶה לְנֹכַח הַמְּבַזִּים אוֹתוֹ כְּאִלּוּ הַדִּין עִמָּהֶם, וְהוּא הַנִּבְזֶה אֲשֶׁר עָלָיו הָאָשָׁם, וְזוֹ תִּהְיֶה סִבַּת קִנְיַן הַמִּדּוֹת הַטּוֹבוֹת:

עֵצוֹת לְהַרְגִּיל עַצְמוֹ בַּעֲנָוָה

וַאֲנִי מָצָאתִי תְּרוּפָה לְהַרְגִּיל הָאָדָם עַצְמוֹ בִּדְבָרִים אֵלּוּ מְעַט מְעַט, אֶפְשָׁר שֶׁיִּתְרַפֶּה בָּהּ מֵחֳלִי הַגַּאֲוָה וְיִכָּנֵס בְּשַׁעֲרֵי הָעֲנָוָה וְהוּא תַּחְבֹּשֶׁת הַנַּעֲשָׂה מִשְּׁלֹשָׁה סַמִּים:

הָאַחַת

שֶׁיַּרְגִּיל עַצְמוֹ לִהְיוֹת בּוֹרֵחַ מֵהַכָּבוֹד כָּל מַה שֶּׁיּוּכַל. שֶׁאִם יִתְנַהֵג שֶׁיְּכַבְּדוּהוּ בְּנֵי אָדָם, יִתְלַמֵּד בָּהֶם עַל צַד הַגַּאֲוָה, וְיִתְרַצֶּה הַטֶּבַע תָּמִיד בְּכָךְ, וּבְקֹשִׁי יוּכַל לְהֵרָפֵא.

הַשְּׁנִיָּה

שֶׁיַּרְגִּיל מַחְשַׁבְתּוֹ לִרְאוֹת בְּבִזְיוֹנוֹ, וְיֹאמַר, עִם הֱיוֹת שֶׁבְּנֵי אָדָם אֵינָם יוֹדְעִים אֶת גְּרִיעוּתִי מַה לִּי מִזֶּה, וְכִי אֲנִי אֵינִי

---

[3] שְׁמוֹת טז ז

מַכִּיר בְּעַצְמִי שֶׁאֲנִי נִבְזֶה בְּכָךְ וְכָךְ, אִם בְּהֶעְדֵּר הַיְדִיעָה וְחֻלְשַׁת הַיְכֹלֶת וּבִזָּיוֹן הַמַּאֲכָל וְהַפֶּרֶשׁ הַיּוֹצֵא מִמֶּנּוּ וְכַיּוֹצֵא, עַד שֶׁיִּהְיֶה נִבְזֶה בְּעֵינָיו נִמְאָס.

הַשְּׁלִישִׁית

שֶׁיַּחְשֹׁב עַל עֲוֹנֹתָיו תָּמִיד וְיִרְצֶה בְּטָהֳרָה וְתוֹכַחַת וְיִסּוּרִים, וְיֹאמַר, מַה הֵם הַיִּסּוּרִין הַיּוֹתֵר טוֹבִים שֶׁבָּעוֹלָם שֶׁלֹּא יַטְרִידוּנִי מֵעֲבוֹדַת ה', אֵין חָבִיב בְּכֻלָּם מֵאֵלּוּ שֶׁיְּחָרְפוּהוּ וִיבַזֻּהוּ וִיגַדְּפֻהוּ, שֶׁהֲרֵי לֹא יִמְנְעוּ מִמֶּנּוּ כֹּחוֹ וְאוֹנוֹ בֶּחֳלָאִים, וְלֹא יִמְנְעוּ אֲכִילָתוֹ וּמַלְבּוּשׁוֹ, וְלֹא יִמְנְעוּ חַיָּיו וְחַיֵּי בָנָיו בְּמִיתָה. אִם כֵּן מַמָּשׁ יַחְפֹּץ בָּהֶם וְיֹאמַר מַה לִּי לְהִתְעַנּוֹת לְהִסְתַּגֵּף בְּשַׂקִּים וּבְמַלְקִיּוֹת הַמַּחְלִשִׁים כֹּחִי מֵעֲבוֹדַת ה' וַאֲנִי לוֹקֵחַ אֹתָם בְּיָדִי, יוֹתֵר טוֹב אֶסְתַּגֵּף בְּבִזְיוֹן בְּנֵי אָדָם וְחֶרְפָּתָם לִי, וְלֹא יָסוּר כֹּחִי וְלֹא יֶחֱלַשׁ. וּבָזֶה כְּשֶׁיָּבֹאוּ הָעֶלְבּוֹנוֹת עָלָיו יִשְׂמַח בָּהֶם, וְאַדְרַבָּה יַחְפֹּץ בָּהֶם. וְיַעֲשֶׂה מִשְּׁלֹשֶׁת סַמִּים אֵלּוּ תַּחְבֹּשֶׁת לְלִבּוֹ וְיִתְלַמֵּד בָּזֶה כָּל יָמָיו.

עֵצוֹת נוֹסָפוֹת לְהִתְרַגֵּל לַעֲנָוָה

וְעוֹד מָצָאתִי מַשְׁקֶה טוֹב מְאֹד אֲבָל לֹא יוֹעִיל הַמַּשְׁקֶה כָּל כָּךְ כְּמוֹ שֶׁיּוֹעִיל אַחַר תַּחְבֹּשֶׁת הַנִּזְכָּר לְעֵיל, וְהוּא שֶׁיַּרְגִּיל עַצְמוֹ בִּשְׁנֵי דְּבָרִים:

הָאֶחָד

הוּא לְכַבֵּד כָּל הַנִּבְרָאִים כֻּלָּם, אַחַר שֶׁיַּכִּיר מַעֲלַת הַבּוֹרֵא אֲשֶׁר יָצַר הָאָדָם בְּחָכְמָה, וְכֵן כָּל הַנִּבְרָאִים חָכְמַת הַיּוֹצֵר בָּהֶם, וְיִרְאֶה בְּעַצְמוֹ שֶׁהֲרֵי הֵם נִכְבָּדִים מְאֹד מְאֹד, שֶׁנִּטְפַּל יוֹצֵר הַכֹּל הֶחָכָם הַנַּעֲלֶה עַל כָּל בִּבְרִיאָתָם, וְאִלּוּ יְבַזֶּה אוֹתָם חַס וְשָׁלוֹם נוֹגֵעַ בִּכְבוֹד יוֹצְרָם. וַהֲרֵי זֶה יִדְמֶה אֶל חָכָם צוֹרֵף,

עָשָׂה כְּלִי בְּחָכְמָה גְּדוֹלָה וְהֶרְאָה מַעֲשֵׂהוּ אֶל בְּנֵי אָדָם, וְהִתְחִיל אֶחָד מֵהֶם לְגַנּוֹתוֹ וּלְבַזּוֹתוֹ, כַּמָּה יַגִּיעַ מֵהַכַּעַס אֶל הֶחָכָם הַהוּא מִפְּנֵי שֶׁמְּבַזִּין חָכְמָתוֹ בִּהְיוֹתָם מְבַזִּים מַעֲשֵׂה יָדָיו. וְאַף הַקָּדוֹשׁ בָּרוּךְ הוּא יֵרַע בְּעֵינָיו אִם יְבַזּוּ שׁוּם בְּרִיָּה מִבְּרִיּוֹתָיו, וְזֶה שֶׁכָּתוּב[4] - מָה רַבּוּ מַעֲשֶׂיךָ ה'. לֹא אָמַר **גָּדְלוּ** אֶלָּא **רַבּוּ** לָשׁוֹן[5] רַב בֵּיתוֹ, חֲשׁוּבִים מְאֹד, כֻּלָּם בְּחָכְמָה עָשִׂיתָ, וְאַחַר שֶׁנִּטְפְּלָה חָכְמָתְךָ בָּהֶם רַבּוּ וְגָדְלוּ מַעֲשֶׂיךָ, וְרָאוּי לְאָדָם לְהִתְבּוֹנֵן מִתּוֹכָם חָכְמָה, לֹא בִּזָּיוֹן.

הַשֵּׁנִי

יַרְגִּיל עַצְמוֹ לְהַכְנִיס אַהֲבַת בְּנֵי אָדָם בְּלִבּוֹ, וַאֲפִילוּ הָרְשָׁעִים, כְּאִלּוּ הָיוּ אֶחָיו וְיֹתֵר מִזֶּה, עַד שֶׁיִּקָּבַע בְּלִבּוֹ אַהֲבַת בְּנֵי אָדָם כֻּלָּם, וַאֲפִלּוּ הָרְשָׁעִים יֶאֱהַב אֹתָם בְּלִבּוֹ, וְיֹאמַר, מִי יִתֵּן וְיִהְיוּ אֵלּוּ צַדִּיקִים שָׁבִים בִּתְשׁוּבָה וְיִהְיוּ כֻּלָּם גְּדוֹלִים וּרְצוּיִים לַמָּקוֹם. כְּמַאֲמַר אוֹהֵב נֶאֱמָן לְכָל יִשְׂרָאֵל, אָמַר[6] - וּמִי יִתֵּן כָּל עַם ה' נְבִיאִים וְגוֹ', וּבַמֶּה יֶאֱהַב, בִּהְיוֹתוֹ מַזְכִּיר בְּמַחֲשַׁבְתּוֹ טוֹבוֹת אֲשֶׁר בָּהֶם, וִיכַסֶּה מוּמָם וְלֹא יִסְתַּכֵּל בְּנִגְעֵיהֶם אֶלָּא בַּמִּדּוֹת הַטּוֹבוֹת אֲשֶׁר בָּהֶם. וְיֹאמַר בְּלִבּוֹ, אִלּוּ הָיָה הֶעָנִי הַמָּאוּס הַזֶּה בַּעַל מָמוֹן רַב כַּמָּה הָיִיתִי שָׂמֵחַ בְּחֶבְרָתוֹ, כְּמוֹ שֶׁאֲנִי שָׂמֵחַ בְּחֶבְרַת פְּלוֹנִי. וַהֲרֵי זֶה, אִלּוּ יַלְבִּישׁוּהוּ הַלְּבוּשִׁים הַנָּאִים כְּמוֹ פְּלוֹנִי הֲרֵי אֵין בֵּינוֹ לְבֵינוֹ הֶבְדֵּל, אִם כֵּן לָמָּה יֵעָדֵר כְּבוֹדוֹ בְּעֵינַי, וַהֲרֵי בְּעֵינֵי ה' חָשׁוּב מִמֶּנִּי, שֶׁהוּא נָגוּעַ מְדֻכָּה עֳנִי וְיִסּוּרִים וּמְנֻקֶּה מֵעָוֹן, וְלָמָּה אֶשְׂנָא מִי שֶׁהַקָּדוֹשׁ בָּרוּךְ הוּא אוֹהֵב, וּבָזֶה יִהְיֶה לְבָבוֹ פּוֹנֶה אֶל צַד הַטּוֹב וּמַרְגִּיל עַצְמוֹ לַחְשֹׁב בְּכָל מִדּוֹת טוֹבוֹת שֶׁזָּכַרְנוּ.

4 תְּהִלִּים קד כד

5 אֶסְתֵּר א ח

6 בַּמִּדְבָּר יא כט

פֶּרֶק ג

הַאֵיךְ יַרְגִּיל הָאָדָם עַצְמוֹ בְּמִדַּת **הַחָכְמָה**

הִנֵּה הַחָכְמָה הָעֶלְיוֹנָה פְּרוּשָׂה עַל כָּל הַנִּמְצָאִים כֻּלָּם, עִם הֱיוֹתָהּ נֶעֱלֶמֶת וְנִשְׂגָּבָה מְאֹד, וְעָלֶיהָ נֶאֱמַר[1] - מָה רַבּוּ מַעֲשֶׂיךָ ה' כֻּלָּם בְּחָכְמָה עָשִׂיתָ. כָּךְ רָאוּי לְאָדָם שֶׁתִּהְיֶה חָכְמָתוֹ מְצוּיָה בַּכֹּל וְיִהְיֶה מְלַמֵּד לְהוֹעִיל לִבְנֵי אָדָם לְכָל אֶחָד וְאֶחָד כְּפִי כֹחוֹ כָּל מַה שֶּׁיּוּכַל לְהַשְׁפִּיעַ עָלָיו מֵחָכְמָתוֹ יַשְׁפִּיעֵהוּ וְלֹא תַטְרִידֵהוּ סִבָּה כְּלָל.
שְׁנֵי פָּנִים לַחָכְמָה - וְהִנֵּה אֶל הַחָכְמָה שְׁנֵי פָּנִים:

הַפָּן הָעֶלְיוֹן הַפּוֹנֶה אֶל הַכֶּתֶר
וְאֵין אֹתָם הַפָּנִים מִסְתַּכְּלִים לְמַטָּה אֶלָּא מְקַבְּלִים מִלְמַעְלָה.

הַפָּן הַשֵּׁנִי הַתַּחְתּוֹן פּוֹנֶה לְמַטָּה
לְהַשְׁגִּיחַ בַּסְפִירוֹת שֶׁהִיא מִתְפַּשֶּׁטֶת בְּחָכְמָתָהּ אֲלֵיהֶם.

כָּךְ יִהְיֶה אֶל הָאָדָם שְׁנֵי פָּנִים:

הַפָּן הָרִאשׁוֹן
הוּא הִתְבּוֹדְדוּתוֹ בְּקוֹנוֹ כְּדֵי לְהוֹסִיף בְּחָכְמָתוֹ וּלְתַקְּנָהּ.
הַפָּן הַשֵּׁנִי
לְלַמֵּד בְּנֵי אָדָם מֵאוֹתָהּ חָכְמָה שֶׁהַקָּדוֹשׁ בָּרוּךְ הוּא הִשְׁפִּיעַ עָלָיו.

[1] תְּהִלִּים קד כד

וּכְמוֹ שֶׁהַחָכְמָה מַשְׁפַּעַת אֶל כָּל סְפִירָה וּסְפִירָה כְּפִי שִׁעוּרָהּ וְצָרְכָּהּ, כֵּן יַשְׁפִּיעַ בְּכָל אָדָם כְּפִי שִׁעוּר שִׂכְלוֹ אֲשֶׁר יוּכַל שְׂאֵת וְהַנָּאוֹת אֵלָיו וְצָרְכּוֹ. וְיִשָּׁמֵר מִלָּתֵת יוֹתֵר מִשִּׁעוּר שֵׂכֶל הַמַּשְׁפִּיעַ, שֶׁלֹּא תִמָּשֵׁךְ מִמֶּנּוּ תַּקָּלָה, שֶׁכֵּן הַסְּפִירָה הָעֶלְיוֹנָה אֵינָהּ מוֹסֶפֶת עַל הַשִּׁעוּר הַמֻּגְבָּל בִּמְקַבֵּל.

הַשְׁגָּחָה עַל צָרְכֵי אֲחֵרִים

וְעוֹד מִדֶּרֶךְ הַחָכְמָה לִהְיוֹתָהּ מַשְׁגַּחַת עַל כָּל הַמְּצִיאוּת מִפְּנֵי שֶׁהִיא הַמַּחֲשָׁבָה הַחוֹשֶׁבֶת עַל כָּל הַנִּמְצָאוֹת וְעָלֶיהָ נֶאֱמַר[2] - כִּי לֹא מַחְשְׁבוֹתַי מַחְשְׁבוֹתֵיכֶם, וּכְתִיב[3] - וְחָשַׁב מַחֲשָׁבוֹת לְבִלְתִּי יִדַּח מִמֶּנּוּ נִדָּח וּכְתִיב[4] - כִּי אָנֹכִי יָדַעְתִּי אֶת הַמַּחֲשָׁבֹת אֲשֶׁר אָנֹכִי חוֹשֵׁב עֲלֵיכֶם בֵּית יִשְׂרָאֵל מַחְשְׁבוֹת שָׁלוֹם וְלֹא רָעָה לָתֵת לָכֶם אַחֲרִית תִּקְוָה. כָּךְ צָרִיךְ הָאָדָם לִהְיוֹת עֵינָיו פְּקֻחוֹת עַל הַנְהָגַת עַם ה' לְהוֹעִילָם, וּמַחְשְׁבוֹתָיו תִּהְיֶינָה לְקָרֵב הַנִּדָּחִים וְלַחְשֹׁב עֲלֵיהֶם מַחֲשָׁבוֹת טוֹבוֹת, כְּמוֹ שֶׁהַשֵּׂכֶל חֹשֵׁב תּוֹעֶלֶת הַנִּמְצָא כֻּלּוֹ, כָּךְ יַחְשֹׁב הוּא תּוֹעֶלֶת הַחֲבֵרִים וְיִתְיַעֵץ עֵצוֹת טוֹבוֹת עִם ה' וְעִם עַמּוֹ בִּפְרָט וּבִכְלָל, וְהַיּוֹצֵא מֵהַהַנְהָגָה הַטּוֹבָה יְנַהֲלֵהוּ אֶל הַהַנְהָגָה הַיְשָׁרָה וְיִהְיֶה לוֹ כְּמוֹ שֵׂכֶל וּמַחֲשָׁבָה לְנַהֲגוֹ וּלְנַהֲלוֹ אֶל הַמִּנְהָג הַטּוֹב וְהַיָּשָׁר, כְּמַחֲשָׁבָה הָעֶלְיוֹנָה הַמְיַשֶּׁרֶת הָאָדָם הָעֶלְיוֹן.

לְהַשְׁפִּיעַ חַיִּים

וְעוֹד הַחָכְמָה תְּחַיֶּה הַכֹּל כְּדִכְתִיב[5] - וְהַחָכְמָה תְּחַיֶּה בְעָלֶיהָ, כָּךְ יִהְיֶה הוּא מוֹרֶה חַיִּים לְכָל הָעוֹלָם וְגוֹרֵם לָהֶם חַיֵּי הָעוֹלָם

[2] יְשַׁעְיָהוּ נה, ח
[3] שְׁמוּאֵל-ב יד, יד
[4] יִרְמְיָהוּ כט, יא
[5] קֹהֶלֶת ז יב

הַזֶּה וְחַיֵּי הָעוֹלָם הַבָּא וּמַמְצִיא לָהֶם חַיִּים. זֶה הַכְּלָל יִהְיֶה נוֹבֵעַ חַיִּים לַכֹּל.

להְיוֹת כְּמוֹ אָב

וְעוֹד הַחָכְמָה אָב לְכָל הַנִּמְצָאוֹת כִּדְכְתִיב[6] - מָה רַבּוּ מַעֲשֶׂיךָ ה' כֻּלָּם בְּחָכְמָה עָשִׂיתָ, וְהֵן חַיִּים וּמִתְקַיְּמִים מִשָּׁם, כָּךְ יִהְיֶה הוּא אָב לְכָל יְצוּרָיו שֶׁל הַקָּדוֹשׁ בָּרוּךְ הוּא וּלְיִשְׂרָאֵל, עִקָּר שֶׁהֵם הַנְּשָׁמוֹת הַקְּדוֹשׁוֹת הָאֲצִלוֹת מִשָּׁם, וִיבַקֵּשׁ תָּמִיד רַחֲמִים וּבְרָכָה לָעוֹלָם, כְּדֶרֶךְ שֶׁהָאָב הָעֶלְיוֹן רַחֲמָן עַל בְּרוּאָיו וְיִהְיֶה תָמִיד מִתְפַּלֵּל בְּצָרַת הַמְּצֵרִים כְּאִלּוּ הָיוּ בָנָיו מַמָּשׁ וּכְאִלּוּ הוּא יְצָרָם, שֶׁזֶּהוּ רְצוֹנוֹ שֶׁל הַקָּדוֹשׁ בָּרוּךְ הוּא כְּדֶרֶךְ שֶׁאָמַר הָרוֹעֶה הַנֶּאֱמָן[7] - הֶאָנֹכִי הָרִיתִי אֵת כָּל הָעָם הַזֶּה כִּי תֹאמַר אֵלַי שָׂאֵהוּ בְחֵיקֶךָ, וּבָזֶה יִשָּׂא אֶת כָּל עַם ה' כַּאֲשֶׁר יִשָּׂא הָאוֹמֵן אֶת הַיּוֹנֵק, בִּזְרוֹעוֹ יְקַבֵּץ טְלָאִים, וּבְחֵיקוֹ יִשָּׂא, עָלוֹת יְנַהֵל, הַנִּכְחָדוֹת יִפְקֹד, הַנַּעַר יְבַקֵּשׁ, הַנִּשְׁבֶּרֶת יְרַפֵּא, הַנִּצָּבָה יְכַלְכֵּל, הָאֹבְדוֹת יַחְזִיר. וִירַחֵם עַל יִשְׂרָאֵל וְיִשָּׂא בְּסֵבֶר פָּנִים יָפוֹת מַשָּׂאָם כְּאָב הָרַחֲמָן הָעֶלְיוֹן הַסּוֹבֵל כֹּל, וְלֹא יִבּוֹל וְלֹא יִתְעַלֵּם וְלֹא יָקוּץ, וִינַהֵל לְכָל אֶחָד כְּפִי צָרְכּוֹ.

אֵלּוּ הֵן מִדּוֹת הַחָכְמָה אָב רַחֲמָן עַל בָּנִים:

לְרַחֵם עַל כָּל הַנִּבְרָאִים

עוֹד צָרִיךְ לִהְיוֹת רַחֲמָיו פְּרוּשִׂים עַל כָּל הַנִּבְרָאִים, לֹא יְבַזֵּם וְלֹא יְאַבְּדֵם. שֶׁהֲרֵי הַחָכְמָה הָעֶלְיוֹנָה הִיא פְּרוּשָׂה עַל כָּל הַנִּבְרָאִים דּוֹמֵם וְצוֹמֵחַ וְחַי וּמְדַבֵּר. וּמִטַּעַם זֶה הֻזְהַרְנוּ מִבִּזּוּי

---

[6] תְּהִלִּים קד כד

[7] בַּמִּדְבָּר יא יב

אוֹכְלִים. וְעַל דָּבָר זֶה רָאוּי, שֶׁכְּמוֹ שֶׁהַחָכְמָה הָעֶלְיוֹנָה אֵינָהּ מְבַזָּה שׁוּם נִמְצָא וְהַכֹּל נַעֲשָׂה מִשָּׁם כְּדִכְתִיב - כֻּלָּם בְּחָכְמָה עָשִׂיתָ, כֵּן יִהְיֶה רַחֲמֵי הָאָדָם עַל כָּל מַעֲשָׂיו יִתְבָּרַךְ. וּמִטַּעַם זֶה הָיָה עֹנֶשׁ רַבֵּינוּ הַקָּדוֹשׁ עַל יְדֵי שֶׁלֹּא חָס עַל בֶּן הַבָּקָר שֶׁהָיָה מִתְחַבֵּא אֶצְלוֹ וְאָמַר לוֹ[8] - זִיל לְכָךְ נוֹצַרְתָּ, בָּאוּ לוֹ יִסּוּרִין, שֶׁהֵם מִצַּד הַדִּין שֶׁהֲרֵי הָרַחֲמִים מְגִנִּים עַל הַדִּין, וְכַאֲשֶׁר רִחֵם עַל הַחֻלְדָּה וְאָמַר[9] - רַחֲמָיו עַל כָּל מַעֲשָׂיו כְּתִיב, נִצּוֹל מִן הַדִּין מִפְּנֵי שֶׁפֵּרַשׂ אוֹר הַחָכְמָה עָלָיו וְנִסְתַּלְּקוּ הַיִּסּוּרִים. וְעַל דֶּרֶךְ זֶה לֹא יְבַזֶּה בְּשׁוּם נִמְצָא מִן הַנִּמְצָאִים שֶׁכֻּלָּם בְּחָכְמָה וְלֹא יַעֲקֹר הַצּוֹמֵחַ אֶלָּא לְצֹרֶךְ, וְלֹא יָמִית הַבַּעַל חַי אֶלָּא לְצוֹרֶךְ, וְיִבְרֹר לָהֶם מִיתָה יָפָה בְּסַכִּין בְּדוּקָה לְרַחֵם כָּל מַה שֶּׁאֶפְשָׁר.

זֶה הַכְּלָל - הַחֶמְלָה עַל כָּל הַנִּמְצָאִים שֶׁלֹּא לְחַבְּלָם תְּלוּיָה בַּחָכְמָה, זוּלָתִי לְהַעֲלוֹתָם מִמַּעֲלָה אֶל מַעֲלָה, מִצּוֹמֵחַ לְחַי, מֵחַי לִמְדַבֵּר שֶׁאָז מֻתָּר לַעֲקֹר הַצּוֹמֵחַ וּלְהָמִית הַחַי - לָחוּב עַל מְנָת לְזַכּוֹת:

8 גְּמָרָא בָּבָא מְצִיעָא פה א

9 תְּהִלִּים קמה כד

פֶּרֶק ד

הָאֵיךְ יַרְגִּיל הָאָדָם עַצְמוֹ בְּמִדַּת **הַבִּינָה**

בִּינָה הִיא תְּשׁוּבָה

וְהוּא לָשׁוּב בִּתְשׁוּבָה שֶׁאֵין דָּבָר חָשׁוּב כָּמוֹהָ מִפְּנֵי שֶׁהִיא מְתַקֶּנֶת כָּל פְּגַם, וּכְמוֹ שֶׁדֶּרֶךְ הַבִּינָה לְמַתֵּק כָּל הַדִּינִים וּלְבַטֵּל מְרִירוּתָם, כָּךְ הָאָדָם יָשׁוּב בִּתְשׁוּבָה וִיתַקֵּן כָּל פְּגַם. וּמִי שֶׁמְּהַרְהֵר תְּשׁוּבָה כָּל יָמָיו גּוֹרֵם שֶׁתָּאִיר הַבִּינָה בְּכָל יָמָיו וְנִמְצְאוּ כָּל יָמָיו בִּתְשׁוּבָה דְּהַיְנוּ לִכְלֹל עַצְמוֹ בְּבִינָה שֶׁהִיא תְּשׁוּבָה וִימֵי חַיָּיו מְעֻטָּרִים בְּסוֹד הַתְּשׁוּבָה הָעֶלְיוֹנָה. וּרְאֵה כִּי כְּמוֹ שֶׁהַתְּשׁוּבָה יֵשׁ בָּהּ שֹׁרֶשׁ כָּל הַנִּמְצָאוֹת בְּסוֹד הַיּוֹבֵל וַהֲרֵי שֹׁרֶשׁ הַחִצוֹנִים סוֹד נְהַר דִּינוּר הַנִּכְלָל בִּקְדֻשָּׁה בְּסוֹד הַגְּבוּרוֹת נִשְׁרַשׁ שָׁם וְיִתְפַּשֵּׁט מִשָּׁם וְיִקָּרֵא הִתְפַּשְּׁטוּת חֲרוֹן אַף וּבְסוֹדוֹ[1] - וַיָּרַח ה' אֶת רֵיחַ הַנִּיחֹחַ, יַחְזֹר הַהִתְפַּשְּׁטוּת הַהוּא אֶל מְקוֹרוֹ וְיִמָּתְקוּ הַדִּינִים וְיִשְׁקֹט הֶחָרוֹן וְיִנָּחֵם ה' עַל הָרָעָה, כָּךְ הָאָדָם בְּסוֹד תְּשׁוּבָתוֹ עוֹשֶׂה סוֹד זֶה.

הַתְּשׁוּבָה טוֹבָה גַּם לָרָע

שֶׁלֹּא תֹאמַר שֶׁהַתְּשׁוּבָה טוֹבָה לְחֵלֶק הַקְּדֻשָּׁה שֶׁבָּאָדָם, אֶלָּא גַּם לְחֵלֶק הָרַע שֶׁבּוֹ, מִתְמַתֵּק כְּעֵין הַמִּדָּה הַזֹּאת. תֵּדַע שֶׁהֲרֵי קַיִן רַע הָיָה וּמִנָּחָשׁ הָיָה וְנֶאֱמַר לוֹ[2] - הֲלֹא אִם תֵּיטִיב שְׂאֵת, אַל תַּחְשֹׁב מִפְּנֵי שֶׁאַתָּה מִצַּד הָרַע שֶׁאֵין לְךָ תַּקָּנָה, זֶה שֶׁקֶר. הֲלֹא אִם תֵּיטִיב וְתַשְׁרִישׁ עַצְמְךָ בְּסוֹד הַתְּשׁוּבָה שֶׁאִם תִּסְתַּלֵּק שָׁם בְּסוֹד הַטּוֹב הַמֻּשְׁרָשׁ שָׁם שֶׁכָּל מַר עֶלְיוֹן שָׁרְשׁוֹ מָתוֹק

---

[1] בְּרֵאשִׁית ח כא

[2] בְּרֵאשִׁית ד ז

וְיָכוֹל לִכָּנֵס דֶּרֶךְ שָׁרְשׁוֹ וּלְהֵטִיב עַצְמוֹ, וְלָזֶה הַפְּעֻלּוֹת עַצְמָן מֵטִיב הָאָדָם וּזְדוֹנוֹת נַעֲשׂוּ לוֹ כִּזְכֻיּוֹת, כִּי הִנֵּה אֹתָם הַפְּעֻלּוֹת שֶׁעָשָׂה הָיוּ מְקַטְרְגוֹת מִסִּטְרָא דִשְׂמָאלָא, שָׁב בִּתְשׁוּבָה שְׁלֵמָה, הֲרֵי מַכְנִיס וּמַשְׁרִישׁ אוֹתָן הַפְּעֻלּוֹת לְמַעְלָה וְכָל אֹתָם הַמְּקַטְרְגִים אֵינָם מִתְבַּטְּלִים אֶלָּא מְטִיבִין עַצְמָן וּמִשְׁתָּרְשִׁים בִּקְדֻשָּׁה כְּעֵין הֲטָבַת קַיִן, וַהֲרֵי אִם קַיִן שָׁב בִּתְשׁוּבָה וְנִתְקַן הִנֵּה זְדוֹן אָדָם הָרִאשׁוֹן שֶׁבּוֹ הוֹלִיד אֶת קַיִן - קִינָא דִמְסָאֲבוּתָא, הָיָה נֶחְשָׁב לוֹ זְכוּת, בְּסוֹד[3] - בְּרָא מְזַכֶּה אַבָּא. אָמְנָם לֹא רָצָה לָשׁוּב, וּלְכָךְ כָּל סִטְרָא דִשְׂמָאלָא נִמְשַׁךְ מִשָּׁם, וְכָל עֲנָפָיו עֲתִידִין לְהִתְמַתֵּק וְהֵם שָׁבִים וּמִתְמַתְּקִים, וְהַיְנוּ מַמָּשׁ מִן הַטַּעַם שֶׁפֵּרַשְׁנוּ, שֶׁהָאָדָם מַשְׁרִישׁ בְּעַצְמוֹ סוֹד הָרָע וּמְמַתְּקוֹ וּמַכְנִיסוֹ אֶל הַטּוֹב. לְפִיכָךְ הָאָדָם מְטַהֵר יֵצֶר הָרָע וּמַכְנִיסוֹ אֶל הַטּוֹב וְהוּא מִשְׁתָּרֵשׁ בִּקְדֻשָּׁה לְמַעְלָה.

וְזוֹ הִיא מַעֲלַת הַתְּשׁוּבָה שֶׁהָאָדָם יִתְנַהֵג בָּהּ, צָרִיךְ שֶׁבְּכָל יוֹם וָיוֹם יְהַרְהֵר בָּהּ וְיַעֲשֶׂה תְּשׁוּבָה בְּצַד מַה כְּדֵי שֶׁיִּהְיוּ כָּל יָמָיו בִּתְשׁוּבָה:

---

3 גְּמָרָא סַנְהֶדְרִין קד א

פֶּרֶק ה

כֵּיצַד יַרְגִּיל הָאָדָם עַצְמוֹ בְּמִדַּת **הַחֶסֶד**

הָעִקָּר - אַהֲבַת ה'

עִיקָר כְּנִיסַת הָאָדָם אֶל סוֹד הַחֶסֶד הוּא לֶאֱהֹב אֶת ה' תַּכְלִית אַהֲבָה שֶׁלֹּא יַנִּיחַ עֲבוֹדָתוֹ לְשׁוּם סִבָּה מִפְּנֵי שֶׁאֵין דָּבָר נֶאֱהָב אֶצְלוֹ כְּלָל לְעֵרֶךְ אַהֲבָתוֹ יִתְבָּרֵךְ, וְלָזֶה יְתַקֵּן תְּחִלָּה צָרְכֵי עֲבוֹדָתוֹ וְאַחַר כָּךְ הַמּוֹתָר יִהְיֶה לִשְׁאָר הַצְּרָכִים, וְתִהְיֶה הָאַהֲבָה הַזֹּאת תְּקוּעָה בְּלִבּוֹ בֵּין יְקַבֵּל טוֹבוֹת מֵאֵת הַקָּדוֹשׁ בָּרוּךְ הוּא וּבֵין יְקַבֵּל יִסּוּרִין וְתוֹכָחוֹת יַחְשְׁבֵם לְאַהֲבָה לוֹ כִּדְכְתִיב[1] - נֶאֱמָנִים פִּצְעֵי אוֹהֵב, וּכְדִכְתִיב[2] - וּבְכָל מְאֹדֶךָ, וּפֵרְשׁוּ[3] - בְּכָל מִדָּה וּמִדָּה וְכוּ', כְּדֵי לִכְלֹל כָּל הַמִּדּוֹת בְּחֶסֶד וְנִמְצָא סוֹד הַנְהָגָתוֹ מֵהַמַּלְכוּת וְעִם הֱיוֹת שֶׁהִיא פּוֹעֶלֶת דִּין הִיא קְשׁוּרָה בְּחֶסֶד, וְהַיְנוּ מִדַּת נַחוּם אִישׁ גַּם זוֹ שֶׁהָיָה אוֹמֵר[4] - גַּם זוֹ לְטוֹבָה, רָצָה לְקָשְׁרָהּ תָּמִיד בְּצַד הַחֶסֶד הַנִּקְרָא טוֹב וְהָיָה אוֹמֵר גַּם זוֹ שֶׁנִּרְאֶה שֶׁהִיא בִּשְׂמֹאל קְשׁוּרָה בַּגְּבוּרָה אֵינוֹ אֶלָּא לְטוֹבָה הִיא קְשׁוּרָה בְּחֶסֶד וְהָיָה שָׂם דַּעְתּוֹ אֶל צַד הַטּוֹב בַּמִּדָּה הַהִיא וּמַסְתִּיר דִּינֶיהָ. וְזוֹ הִיא הַנְהָגָה גְּדוֹלָה לְהִקָּשֵׁר בְּחֶסֶד תָּמִיד.

---

1 מִשְׁלֵי כז ו

2 דְּבָרִים ו ה

3 גְּמָרָא בְּרָכוֹת נד א

4 גְּמָרָא תַּעֲנִית כא א

וּבַתִּקּוּנִים פֵּרְשׁוּ[5] - אֵיזֶה חָסִיד הַמִּתְחַסֵּד עִם קוֹנוֹ. לְפִי שֶׁגְּמִילוּת חֲסָדִים שֶׁאָדָם עוֹשֶׂה בַּתַּחְתּוֹנִים צָרִיךְ שֶׁיְּכַוֵּן בָּהּ הַתִּקּוּן הָעֶלְיוֹן דֻּגְמָתוֹ, וְהוּא שֶׁגּוֹמֵל חֶסֶד עִם קוֹנוֹ.

מֵהַחֶסֶד בִּבְנֵי אָדָם יִלְמַד הַחֶסֶד עִם קוֹנוֹ
וְעַתָּה צָרִיךְ לָדַעַת כַּמָּה הֵן מִדּוֹת גְּמִילוּת חֲסָדִים בִּבְנֵי אָדָם, וְכֻלָּם יַעֲשֶׂה עִם קוֹנוֹ לְמַעְלָה אִם יִרְצֶה לִקְנוֹת מִדַּת הַחֶסֶד, וְלָזֶה נֹאמַר כִּי מִדּוֹת גְּמִילוּת חֲסָדִים הֵם אֵלּוּ:

רִאשׁוֹנָה
בְּלֵדַת הָאָדָם צָרִיךְ לִגְמֹל עִמּוֹ כָּל תִּקּוּן לִמְזוֹנוֹ.
אִם כֵּן יַעֲלֶה בְּדַעְתּוֹ עֵת לֵדַת הַבִּינָה - הַתִּפְאֶרֶת. וִיהִי בְּהַקְשֹׁתָהּ בְּלִדְתָּהּ מִצַּד הַדִּין חַס וְשָׁלוֹם, יֵצֵא הַתִּפְאֶרֶת לְצַד הַגְּבוּרוֹת וְלֵדָתָהּ בְּקֹשִׁי, צָרִיךְ לְתַקֵּן שָׁם כָּל הָאֶפְשָׁר שֶׁתִּהְיֶה לֵדַת הַתִּפְאֶרֶת לְצַד הַיָּמִין כְּדֵי שֶׁיֵּצֵא הַוָּלָד בְּלִי מוּם כְּלָל כִּדְאָמְרִינַן - וְתוֹצִיא לָאוֹר מִשְׁפָּטֵינוּ קָדוֹשׁ, דְּהַיְנוּ שֶׁיּוֹצִיא הַתִּפְאֶרֶת מִשְׁפָּט לְצַד הָאוֹר שֶׁהוּא הַיָּמִין וְיִהְיֶה קָדוֹשׁ וְנִבְדָּל מִן הַגְּבוּרוֹת, וּבָזֶה נִכְלָל הֱיוֹתוֹ מְכַוֵּן בְּמַעֲשָׂיו לְקוֹשְׁרוֹ תָּמִיד בַּחֶסֶד וּלְהוֹצִיא מִן הַבִּינָה בְּצַד הַחֶסֶד וְאָז יֵצֵא הַוָּלָד מְזֹרָז וּמְלֻבָּן וְכִמְעַט בָּזֶה נִכְלָל כָּל אַזְהָרָה שֶׁבַּתּוֹרָה כְּדֵי שֶׁלֹּא יְעוֹרְרוּ הַגְּבוּרוֹת תִּגְבֹּרֶת הַדִּינִים שָׁם וְיִהְיֶה קֹשִׁי בְּלֵדָתָהּ חַס וְשָׁלוֹם.

שְׁנִיָּה
לָמוּל אֶת הַוָּלָד הַיְנוּ לַעֲשׂוֹת כְּתִקּוּנֵי מִצְוֹתָיו.
שֶׁכָּל אֵיזֶה צַד קְלִפָּה וְעָרְלָה הַמִּטַּפֶּלֶת אֶל הַיְסוֹד יָמוּל אוֹתָהּ וְיִרְדֹּף אַחַר כָּל אוֹתָם הַגּוֹרְמִים שָׁם עָרְלָה וְיַחְזִירֵם בִּתְשׁוּבָה,

---

[5] תִּקּוּנֵי הַזֹּהַר בַּהַקְדָּמָה ד"ב ע"א

בְּאֹפֶן שֶׁבִּהְיוֹתוֹ מָל אֶת עָרְלַת לְבָבָם גּוֹרֵם שֶׁיִּהְיֶה הַצַּדִּיק הָעֶלְיוֹן בְּלִי עָרְלָה וְיַעֲמֹד בְּחֶזְקָה לְתַקֵּן כָּל הַדְּבָרִים הַגּוֹרְמִים שָׁם עָרְלָה, וְלָזֶה פִּנְחָס כְּשֶׁמָּל עָרְלַת בְּנֵי יִשְׂרָאֵל זָכָה אֶל כְּהֻנָּה מִפְּנֵי שֶׁגָּמַל חֶסֶד עִם קוֹנוֹ בְּסוֹד הַמִּילָה שֶׁמָּל הַיְסוֹד מֵאוֹתָהּ עָרְלָה זָכָה אֶל הַחֶסֶד.
וְכֵן מִזֶּה יִלְמֹד אֶל כָּל שְׁאָר מִדּוֹת הַחֶסֶד.

שְׁלִישִׁית
לְבַקֵּר חוֹלִים וּלְרַפְּאוֹתָם.
כָּךְ יָדוּעַ שֶׁהַשְּׁכִינָה הִיא חוֹלַת אַהֲבָה מֵהַיִּחוּד כְּדִכְתִיב[6] - כִּי חוֹלַת אַהֲבָה אָנִי, וּרְפוּאָתָהּ בְּיַד הָאָדָם לְהָבִיא לָהּ סַמָּנִים יָפִים כְּדִכְתִיב[7] - סַמְּכוּנִי בָּאֲשִׁישׁוֹת רַפְּדוּנִי בַּתַּפּוּחִים, וּפֵרְשׁוּ בַּתִּקּוּנִים[8] - שֶׁסּוֹד אֲשִׁישׁוֹת הַיְנוּ כָּל הַדְּבָרִים הַנִּקְשָׁרִים בְּמַלְכוּת, בְּאֵשׁ **י'** חֶסֶד, וּבְאֵשׁ **ה'** גְּבוּרָה, בִּשְׁנֵי זְרוֹעוֹת וְשָׁם הִיא נִסְמֶכֶת עֲלֵיהֶם וּמִי שֶׁעוֹשֶׂה זֶה סוֹמֵךְ הַחוֹלֶה בְּחָלְיוֹ.

הַשֵּׁנִי, **רַפְּדוּנִי בַּתַּפּוּחִים** פֵּרוּשׁ לְקַשְּׁרָהּ בֵּין נֶצַח וְהוֹד שֶׁשָּׁם הִיא רְפִידָתָהּ בִּהְיוֹתָהּ חִוֵּר וְסוּמָּק כַּתַּפּוּחִים הַלָּלוּ שֶׁגְּוָנֵיהֶם מְזוּגִים מִצַּד הַחֶסֶד. וְצָרִיךְ לְבַקְּרָהּ וְלִזְכֹּר אֹתָהּ וּלְחַלּוֹת פָּנֶיהָ שֶׁתְּקַבֵּל מַאֲכָל וּמַשְׁקֶה מֵהַשֶּׁפַע הָעֶלְיוֹן שֶׁהִיא מוֹנַעַת עַצְמָהּ מִמֶּנּוּ, וַתִּקְצַר נַפְשָׁהּ בַּעֲמַל יִשְׂרָאֵל. כְּדֶרֶךְ שֶׁהוּא בְּחוֹלִים הַגַּשְׁמִיִּים, כָּךְ צָרִיךְ בְּחוֹלִים הָעֶלְיוֹנִים שֶׁהִיא חוֹלָה כִּדְאָמְרָן. וְהוּא חוֹלֶה דְּנָע מֵאַתְרֵיהּ - עָלְמָא דְּאָתֵי בִּינָה, וְנָד אַבַּתְרָהּ בְּעָלְמָא דֵּין כְּדִכְתִיב[9] - כְּצִפּוֹר נוֹדֶדֶת מִן קִנָּהּ שֶׁהִיא הַשְּׁכִינָה,

---

6 שִׁיר הַשִּׁירִים ב ה
7 שִׁיר הַשִּׁירִים ב ה
8 תִּקּוּנֵי הַזֹּהַר דַּף ל"ט ע"ב
9 מִשְׁלֵי כז ח

כֵּן[10] אִישׁ נוֹדֵד מִמְּקוֹמוֹ, וּנְטִיר לָהּ וְאוֹמֵי דְּלָא יְתֵיב לְאַתְרֵיהּ עַד דְּיַחֲזִיר לָהּ לְאַתְרָהּ, הִנֵּה גַּם הוּא מְחֻלָּל מִפְּשָׁעֵנוּ מְדֻכָּא לִרְצוֹנוֹ מֵעֲוֹנֹתֵינוּ וּרְפוּאַת שְׁנֵיהֶם בְּיָדֵינוּ. וְרָאוּי לְבַקְּרָם וּלְהַזְמִין צָרְכֵיהֶם בְּתוֹרָה וּבְמִצְוֹת.

רְבִיעִית

לָתֵת צְדָקָה לָעֲנִיִּים.

וְדֻגְמָתָם יְסוֹד וּמַלְכוּת. וְהַצְּדָקָה הָרְאוּיָה אֲלֵיהֶם פֵּרְשׁוּ בַּתִּקּוּנִים[11] - לְקַיֵּם **צ'** אָמֵנִים **ד'** קְדֻשּׁוֹת **ק'** בְּרָכוֹת **ה'** חֻמְשֵׁי תוֹרָה, בְּכָל יוֹם. וְעַל דֶּרֶךְ זֶה כָּל אֶחָד כְּפִי כֹּחוֹ יַמְשִׁיךְ צְדָקָה מִתִּפְאֶרֶת לָעֲנִיִּים הַלָּלוּ וְיַזְמִין אֲלֵיהֶם **לֶקֶט** מֵהַסְּפִירוֹת כֻּלָּם, **שִׁכְחָה** מִסּוֹד הָעֹמֶר הָעֶלְיוֹן שֶׁהִיא בִּינָה **וּפֵאָה** מִבְּחִינַת הַמַּלְכוּת עַצְמָהּ שֶׁהִיא פֵּאָה לִשְׁאָר הַמִּדּוֹת, וּכְתִיב[12] - לֶעָנִי וְלַגֵּר תַּעֲזֹב אֹתָם, שֶׁאֲפִילוּ הַתִּפְאֶרֶת גֵּר לְמַטָּה בַּמַּלְכוּת, וְצָרִיךְ לָתֵת לוֹ מֵאֵלּוּ הַתִּקּוּנִים, וְכֵן מַעֲשַׂר עָנִי לְהַעֲלוֹת הַמַּלְכוּת שֶׁהִיא מַעֲשֵׂר אֶל הַיְסוֹד הַנִּקְרָא עָנִי וְאִם יְקַשְּׁרֶנָּהּ בַּתִּפְאֶרֶת יִתֵּן מִן הַמַּעֲשֵׂר אֶל הַגֵּר. וְכַמָּה תִּקּוּנִים נִכְלָלִים בָּזֶה.

חֲמִישִׁית

הַכְנָסַת אוֹרְחִים.

הֵם הַתִּפְאֶרֶת וְהַיְסוֹד לָתֵת לָהֶם בֵּית מְנוּחָה שֶׁיָּנוּחוּ בָהּ דְּהַיְנוּ הַמַּלְכוּת, כֵּיוָן שֶׁהֵם הוֹלְכֵי דְרָכִים בְּסוֹד הַגָּלוּת לַחֲזֹר עַל אֲבֵדָתָם צָרִיךְ לְהַכְנִיסָם שָׁם. וּלְפִי הַמִּתְבָּאֵר בַּזֹּהַר[13] - שֶׁזֶּה

10 מִשְׁלֵי כז ח

11 תִּקּוּן יח דַּף לג א

12 וַיִּקְרָא יט י

13 זֹהַר וַיֵּרָא קטו א

הַמִּצְוָה מִתְקַיֶּמֶת בְּהוֹלְכֵי עַל דֶּרֶךְ שִׂיחוֹ, שֶׁהֵם הַמִּתְגָּרְשִׁים מִבֵּיתֵיהֶם לַעֲסֹק בַּתּוֹרָה שֶׁגּוֹרְמִים שֶׁיִּהְיוּ הָאוֹרְחִים עוֹסְקִים בְּצָרְכֵי הַמַּלְכוּת. וְכֵן כָּל הָעוֹשֶׂה יִחוּד אֶל הַתִּפְאֶרֶת בַּמַּלְכוּת מִבְּחִינָה אַחֶרֶת וְקוֹבֵעַ מָקוֹם לְתוֹרָתוֹ, גּוֹרֵם שֶׁהַתִּפְאֶרֶת יַעֲשֶׂה מְלוֹנוֹ בַּמַּלְכוּת. וְכֵן פֵּרְשׁוּ בַּתִּקּוּנִים בַּהַקְדָּמָה - וְאֶל הָאוֹרְחִים צָרִיךְ לְהָכִין אֲכִילָה שְׁתִיָּה לְוָיָה, דְּהַיְנוּ שֶׁצָּרִיךְ לְהַכְנִיס הַתִּפְאֶרֶת וְהַיְסוֹד אֶל הַמַּלְכוּת וְלָתֵת לָהֶם שָׁם **אֲכִילָה** מֵעֵין[14] - בָּאתִי לְגַנִּי אָכַלְתִּי יַעְרִי עִם דִּבְשִׁי, שֶׁהוּא שֶׁפַע רָאוּי לַהַנְהָגָה הַתַּחְתּוֹנָה הַמִּתְפַּשֶּׁטֶת מִצַּד הַגְּבוּרָה הַמְּתוּקָה. **וּשְׁתִיָּה** מֵעֵין - שָׁתִיתִי יֵינִי עִם חֲלָבִי, שֶׁהוּא שֶׁפַע פְּנִימִי מִן הַיַּיִן הַמְּשֻׁמָּר וּמִסּוֹד הֶחָלָב הַמִּתְמַתֵּק לְקַשֵּׁר הַתִּפְאֶרֶת וְהַמַּלְכוּת - יַעֲקֹב וְרָחֵל, וְהַגְּבוּרָה בְּנֶצַח אוֹ בְּהוֹד, כִּי[15] כֵן פֵּרְשׁוּ בְּרַעְיָא מְהֵימְנָא. **וְהַלְּוָיָה** לְהָבִיא עַצְמוֹ וְנִשְׁמָתוֹ שָׁם עִמָּהֶם בְּדִיּוּקָן עֶלְיוֹן לְלַוּוֹתָם שָׁם. עוֹד לְהָבִיא שְׁאָר הַסְּפִירוֹת שָׁם עִמָּהֶם לַעֲשׂוֹת לָהֶם לְוָיָה טוֹבָה. וְכַמָּה דְּבָרִים נִכְלָלִים בְּתִקּוּן זֶה.

כְּלָלוֹ שֶׁל דָּבָר, יִשְׁתַּדֵּל בְּצֹרֶךְ הֶדְיוֹט וִיכַוֵּן בִּרְמִיזָתוֹ וּמֻבְטָח הוּא שֶׁיֵּעָשֶׂה לְמַעְלָה כַּיּוֹצֵא בוֹ אַחַר שֶׁיִּהְיֶה בָּקִי בַּסּוֹדוֹת. וּמַה טּוֹב לְהַזְכִּיר בְּפִיו רְמִיזַת כַּוָּנָתוֹ הַנְּכוֹנָה בִּשְׁעַת מַעֲשֶׂה לְקַיֵּם[16] - בְּפִיךָ וּבִלְבָבְךָ לַעֲשׂוֹתוֹ.

שִׁשִּׁית

עֵסֶק הַחַי עִם הַמֵּת.

וְדָבָר זֶה הֵיאַךְ יִתְיַחֵס לְמַעְלָה קָשֶׁה מְאֹד, כִּי הוּא סוֹד הַסְּפִירוֹת שֶׁהֵם מִתְעַלְּמוֹת וּמִסְתַּלְּקוֹת אֶל נַרְתִּיקָן לְמַעְלָה

---

14 שִׁיר הַשִּׁירִים ה א

15 זֹהַר וַיִּקְרָא דַּף ד ע"א

16 דְּבָרִים ל יד

כַּמָּה צָרִיךְ לְתַקְּנָן לְהַרְחִיצָן מִכָּל חֶלְאַת עָוֹן וּלְהַלְבִּישָׁן לְבָנִים לִבּוּנֵי הַסְּפִירוֹת בְּאוֹר הַמַּעֲשֶׂה הַטּוֹב, לְהִתְעַלּוֹת בְּסוֹד אֶחָד לְקָשְׁרָם לְמַעְלָה וְלָשֵׂאת אֹתָם עַל הַכָּתֵף סוֹד עִלּוּי הַסְּפִירוֹת אַחַת אֶל אֶחָת עַד שֶׁיִּתְעַלּוּ לְמַעְלָה מֵהַכָּתֵף שֶׁהוּא תְּחִלַּת חִבּוּר הַזְּרוֹעַ בַּגּוּף, וּלְמַעְלָה מִזֶּה הוּא סוֹד הַהֶעְלֵם שֶׁאֵין הַשָּׂגָה בּוֹ. וִיכַוֵּן בְּסוֹד הַקְּבוּרָה לְפָסוּק[17] - וַיִּקְבֹּר אֹתוֹ בַגַּי, דִּמְתַרְגְּמִינַן בְּתִלֵיסַר מְכִילִין דְּרַחֲמֵי, שֶׁהֵן נוֹבְעוֹת בַּכֶּתֶר בִּבְחִינוֹתָיו הַפּוֹנוֹת לְמַטָּה לְרַחֵם בַּתַּחְתּוֹנִים, וּמִשָּׁם יַעֲלֶה הַנִּקְבָּר אֶל הָעֵדֶן הָעֶלְיוֹן חָכְמָה שֶׁבַּכֶּתֶר, וְצָרִיךְ הִתְיַשְּׁבוּת הַדַּעַת בָּזֶה מְאֹד.

שְׁבִיעִית

הַכְנָסַת כַּלָּה לְחֻפָּה.

וּבָזֶה נִכְלָלִים כָּל צָרְכֵי הַיִּחוּד שֶׁכָּל הַתְּפִלּוֹת וְהַיִּחוּדִים הֵם סוֹד הַכְנָסַת כַּלָּה לַחֻפָּה, וְעִקָּרָהּ בְּסוֹד הַתְּפִלָּה מִכַּמָּה מַדְרֵגוֹת זוֹ אַחַר זוֹ: קָרְבָּנוֹת, זְמִירוֹת, תְּפִילָה מְיֻשָּׁב שֶׁבָּהּ קְרִיאַת שְׁמַע וּבִרְכוֹתֶיהָ, אַחַר כָּךְ תְּפִלָּה מְעֻמָּד וּשְׁאָר תִּקּוּנִים הַבָּאִים אַחֲרֵיהֶם, הַכֹּל גְּמִילוּת חֶסֶד אֶל הֶחָתָן וְהַכַּלָּה לְפַקֵּחַ עַל צָרְכֵיהֶם, וְתִקּוּנֵי זִוּוּגָם.

שְׁמִינִית

הֲבָאַת שָׁלוֹם בֵּין אָדָם לַחֲבֵרוֹ.

שֶׁהֵם הַתִּפְאֶרֶת וְהַיְסוֹד, לִפְעָמִים יִתְרַחֲקוּ זֶה מִזֶּה וְצָרִיךְ לְהַשְׁלִימָם וּלְתַקְּנָם שֶׁיִּהְיוּ שָׁוִים וְנִקְשָׁרִים יַחַד בְּאַהֲבָה וְחִבָּה וְזֶה עַל יְדֵי כִּשְׁרוֹן הַמַּעֲשֶׂה הַטּוֹב שֶׁכַּאֲשֶׁר יִהְיֶה הַיְסוֹד נוֹטֶה אֶל הַשְּׂמֹאל וְהַתִּפְאֶרֶת אֶל הַיָּמִין, אָז הֵם נֶגְדִּיִּים זֶה לָזֶה עַד שֶׁהַיְסוֹד יִטֶּה אֶל הַיָּמִין כָּמוֹהוּ, וְכַאֲשֶׁר חַס וְשָׁלוֹם יֵשׁ אֵיזֶה

---

[17] דְּבָרִים לד ו

פְּגַם שֶׁל עָוֹן בָּעוֹלָם אָז יֵשׁ שִׂנְאָה וְנֶגְדִּיּוּת בֵּין שְׁנֵיהֶם וְאֵין
יִחוּד נִקְשָׁר בֵּין הַסְּפִירוֹת כְּלָל. וְעַל דֶּרֶךְ זֶה יִהְיֶה גַּם כֵּן בֵּין
כָּל שְׁתֵּי סְפִירוֹת שֶׁהֵם יָמִין וּשְׂמֹאל, בֵּין הַחָכְמָה וְהַבִּינָה אוֹ
בֵּין הַחֶסֶד וְהַגְּבוּרָה אוֹ בֵּין הַנֵּצַח וְהַהוֹד, צָרִיךְ לְהַכְנִיס שָׁלוֹם
בֵּינֵיהֶם וְהַיְנוּ הֲבָאַת שָׁלוֹם בֵּין אָדָם לַחֲבֵרוֹ וְכֵן בֵּין אִישׁ
לְאִשְׁתּוֹ דְּהַיְנוּ הַיְסוֹד שָׁלוֹם בֵּין הַתִּפְאֶרֶת וּמַלְכוּת וְכָל כַּיּוֹצֵא
בָּזֶה מִדַּרְכֵי שָׁלוֹם, הוּא גְּמִילוּת חֲסָדִים לְמַעְלָה:

פֶּרֶק ו

הֵיאַךְ יַרְגִּיל אָדָם עַצְמוֹ בְּמִדַּת הַגְּבוּרָה

דַּע כִּי כָּל פְּעֻלּוֹת הִתְעוֹרְרוּת יֵצֶר הָרַע הֵם מַמָּשׁ מְעוֹרְרוֹת הַגְּבוּרוֹת הַחֲזָקוֹת, לְכָךְ לֹא יִתְנוֹעֵעַ יֵצֶר הָרַע שֶׁלֹּא יְעוֹרֵר גְּבוּרָה. וְהַטַּעַם שֶׁהָאָדָם נוֹצָר בִּשְׁתֵּי יְצִירוֹת יֵצֶר טוֹב וְיֵצֶר הָרָע, זֶה חֶסֶד וְזֶה גְּבוּרָה, אָמְנָם פֵּרְשׁוּ בַּזֹּהַר בְּפָרָשַׁת בְּרֵאשִׁית דַּף מט א - שֶׁיֵּצֶר טוֹב נִבְרָא לָאָדָם עַצְמוֹ לְצָרְכּוֹ, וְיֵצֶר הָרַע לְצֹרֶךְ אִשְׁתּוֹ. רְאֵה כַּמָּה מְתוּקִים דְּבָרָיו הֲרֵי הַתִּפְאֶרֶת בַּעַל הַחֶסֶד נוֹטֶה אֶל הַיָּמִין, וְכָל הַנְהָגוֹתָיו בַּיָּמִין - יֵצֶר טוֹב. וְהַנְּקֵבָה שְׂמָאלִית וְכָל הַנְהָגוֹתֶיהָ בַּגְּבוּרָה אִם כֵּן רָאוּי שֶׁלֹּא יִתְעוֹרֵר יֵצֶר הָרַע לְתוֹעֶלֶת עַצְמוֹ שֶׁהֲרֵי מְעוֹרֵר אָדָם הָעֶלְיוֹן בַּגְּבוּרָה וּמְאַבֵּד הָעוֹלָם. אִם כֵּן כָּל מִדּוֹת שֶׁיְּעוֹרֵר הָאָדָם לְעַצְמוֹ לְצַד הַגְּבוּרָה וְיֵצֶר הָרַע פּוֹגֵם הָאָדָם הָעֶלְיוֹן, וּמִכָּאן יִרְאֶה כַּמָּה מְגֻנֶּה הַכַּעַס וְכָל כַּיּוֹצֵא בוֹ שֶׁהוּא מַגְבִּיר הַגְּבוּרוֹת הַקָּשׁוֹת, אָמְנָם יֵצֶר הָרַע צָרִיךְ לִהְיוֹת קָשׁוּר וְאָסוּר לְבִלְתִּי יִתְעוֹרֵר לְשׁוּם פְּעֻלָּה שֶׁבָּעוֹלָם מִפְּעֻלּוֹת גּוּפוֹ לֹא לַחְמוּד בִּיאָה וְלֹא לְחֶמְדַּת מָמוֹן וְלֹא לְצַד כַּעַס וְלֹא לְצַד כָּבוֹד כְּלָל.

אָמְנָם לְצֹרֶךְ אִשְׁתּוֹ יְעוֹרֵר יִצְרוֹ בְּנַחַת לְצַד הַגְּבוּרוֹת הַמְּתוּקוֹת כְּגוֹן לְהַלְבִּישָׁהּ, לְתַקֵּן לָהּ בַּיִת, וְיֹאמַר הֲרֵי בָּזֶה שֶׁאֲנִי מַלְבִּישָׁהּ אֲנִי מְתַקֵּן הַשְּׁכִינָה, שֶׁהִיא מִתְקַשֶּׁטֶת בַּבִּינָה שֶׁהוּא גְּבוּרָה דִּכְלִיל כּוּלְּהוּ גְּבוּרוֹת וְהֵן מִתְמַתְּקוֹת בַּהֲמוֹן רַחֲמֶיהָ. לְפִיכָךְ כָּל תִּקּוּנֵי הַבַּיִת הֵם תִּקּוּנֵי הַשְּׁכִינָה שֶׁהִיא מִתְמַתֶּקֶת מִצַּד יֵצֶר הָרַע הַנִּבְרָא לַעֲשׂוֹת רְצוֹן קוֹנוֹ לֹא זוּלַת,

לְפִיכָךְ לֹא יְכַוֵּן הָאָדָם בּוֹ שׁוּם הֲנָאָה שֶׁל כְּלוּם אֶלָּא כְּשֶׁאִשְׁתּוֹ מִתְנָאָה לְפָנָיו בְּדִירָה נָאָה יְכַוֵּן לְתִקּוּנֵי שְׁכִינָה שֶׁהִיא מִתְתַּקֶּנֶת בִּגְבוּרוֹת הַשְּׂמָאלִיּוֹת הַטּוֹבוֹת שֶׁמִּשָּׁם הָעֹשֶׁר וְהַכָּבוֹד. וּמִצַּד זֶה יְעוֹרֵר הַיֵּצֶר הָרַע לְאַהֲבָתָהּ, וְאָז יְכַוֵּן אֶל הַשְּׂמֹאל הַמִּתְעוֹרֵר לְקָרְבָהּ בְּסוֹד[1] - שְׂמֹאלוֹ תַּחַת לְרֹאשִׁי, אֵינָהּ מִתְקַשֶּׁרֶת תְּחִלָּה אֶלָּא מִצַּד הַשְּׂמֹאל, וְאַחַר כָּךְ[2] - וִימִינוֹ תְּחַבְּקֵנִי. יְכַוֵּן לְמַתֵּק כָּל אֹתָם הַתִּקּוּנִים בְּיִצְרוֹ הַטּוֹב, וּלְתַקֵּן אֹתָהּ מַמָּשׁ לְשַׂמְּחָהּ בִּדְבַר מִצְוָה לְשֵׁם הַיִּחוּד עֶלְיוֹן הֲרֵי הַמְּתִיק כָּל הַגְּבוּרוֹת וְתִקְּנָם בְּיָמִין, וְדֶרֶךְ זֶה יִהְיֶה לְכָל מִינֵי חֶמְדָּה הַבָּאִים מִצַּד יֵצֶר הָרַע יִהְיֶה עִקָּרָם לְתִקּוּנֵי הָאִשָּׁה אֲשֶׁר הוֹכִיחַ ה' לוֹ לְעֵזֶר כְּנֶגְדּוֹ, וְיַהֲפֹךְ כּוּלָּם אַחַר כָּךְ לַעֲבוֹדַת ה', לְקָשְׁרָם בַּיָּמִין:

[1] שִׁיר הַשִּׁירִים ח ג
[2] שִׁיר הַשִּׁירִים ח ג

פֶּרֶק ז

הֵיאַךְ יַרְגִּיל הָאָדָם עַצְמוֹ בְּמִדּוֹת **הַתִּפְאֶרֶת**

אֵין סָפֵק שֶׁמִּדַּת הַתִּפְאֶרֶת הוּא הָעֵסֶק בַּתּוֹרָה, אָמְנָם צָרִיךְ זְהִירוּת גָּדוֹל שֶׁלֹּא יִתְגָּאֶה אָדָם בְּדִבְרֵי תוֹרָה שֶׁלֹּא יִגְרֹם רָעָה גְּדוֹלָה, שֶׁהֲרֵי כְּמוֹ שֶׁהוּא מִתְגָּאֶה כָּךְ גּוֹרֵם שֶׁמִּדַּת הַתִּפְאֶרֶת שֶׁהִיא הַתּוֹרָה תִּתְגָּאֶה וְתִסְתַּלֵּק לְמַעְלָה חַס וְשָׁלוֹם אֶלָּא כָּל הַמַּשְׁפִּיל עַצְמוֹ בְּדִבְרֵי תוֹרָה גּוֹרֵם אֶל הַתִּפְאֶרֶת שֶׁתֵּרֵד וְתַשְׁפִּיל עַצְמָהּ לְהַשְׁפִּיעַ לַמַּלְכוּת. וַהֲרֵי לְמַטָּה מֵהַתִּפְאֶרֶת אַרְבַּע סְפִירוֹת וְלָהֶן שָׁלֹשׁ מִדּוֹת:

רִאשׁוֹנָה

הַמִּתְגָּאֶה עַל תַּלְמִידִים גּוֹרֵם שֶׁהַתִּפְאֶרֶת יִתְגָּאֶה וְיִתְעַלֶּה מֵעַל נֶצַח וָהוֹד שֶׁהֵם לִמֻּדֵי ה' תַּלְמִידֵי הַתִּפְאֶרֶת, וְהַמַּשְׁפִּיל עַצְמוֹ וּמְלַמְּדָהּ בְּאַהֲבָה, גַּם הַתִּפְאֶרֶת יַשְׁפִּיל עַצְמוֹ אֶל תַּלְמִידָיו וְיַשְׁפִּיעֵם, לְפִיכָךְ יִהְיֶה הָאָדָם נוֹחַ לְתַלְמִידָיו וִילַמְּדֵם כַּאֲשֶׁר יוּכְלוּן שְׂאֵת, וְהַתִּפְאֶרֶת בִּזְכוּתוֹ יַשְׁפִּיעַ בְּלִמּוּדֵי ה' כְּפִי בְּחִינָתָם הָרְאוּיָה אֲלֵיהֶם.

שֵׁנִית

הַמִּתְגָּאֶה בְּתוֹרָתוֹ עַל הֶעָנִי וּמְבַזֶּה אוֹתוֹ, כְּהַהוּא[1] עוּבְדָּא דְּאֵלִיָּהוּ שֶׁנִּדְמֶה לְרַבִּי שִׁמְעוֹן בֶּן אֶלְעָזָר כְּעָנִי מְכֹעָר, נִבְזֶה וְנִמְאָס, לְהַכְשִׁילוֹ, שֶׁזָּחָה דַּעְתּוֹ עָלָיו וְגִנָּה אֶת הֶעָנִי וְהוּא הוֹכִיחַ עַל פָּנָיו מוּמוֹ, כִּי הַמִּתְגָּאֶה עַל הֶעָנִי גּוֹרֵם שֶׁהַתִּפְאֶרֶת יִתְגָּאֶה עַל הַיְסוֹד וְלֹא יַשְׁפִּיעַ בּוֹ, וְאִם תִּהְיֶה דַּעְתּוֹ שֶׁל חָכָם

---

[1] גְּמָרָא תַּעֲנִית כ א

מְיֻשֶּׁבֶת עָלָיו עִם הֶעָנִי אָז הַתִּפְאֶרֶת יַשְׁפִּיעַ בַּיְסוֹד. לְפִיכָךְ יֵחָשֵׁב הֶעָנִי מְאֹד אֵצֶל הֶחָכָם וִיקָרְבֵהוּ, וְכָךְ יֵחָשֵׁב לְמַעְלָה הַיְסוֹד אֵצֶל הַתִּפְאֶרֶת וְיִתְקַשֵּׁר בּוֹ.

שְׁלִישִׁית

הַמִּתְגָּאֶה בְּתוֹרָתוֹ עַל עַמָּא דְאַרְעָא שֶׁהוּא כְּלַל עַם ה', גּוֹרֵם שֶׁהַתִּפְאֶרֶת יִתְגָּאֶה מֵעַל הַמַּלְכוּת וְלֹא יַשְׁפִּיעַ בָּהּ אֶלָּא יִהְיֶה דַּעְתּוֹ מְעֹרֶבֶת עִם הַבְּרִיּוֹת וְכָל עַם הַיִּשּׁוּב חֲשׁוּבִים לְפָנָיו, מִפְּנֵי שֶׁהֵם לְמַטָּה בְּסוֹד הָאָרֶץ וְחַס וְשָׁלוֹם אִם קוֹרֵא אֹתָם חֲמוֹרִים מוֹרִידָם אֶל הַקְּלִפּוֹת לְכָךְ לֹא יִזְכֶּה לְבֵן שֶׁיִּהְיֶה בּוֹ אוֹר תּוֹרָה כִּדְאִיתָא בַּגְּמָרָא[2]. אֵלָּה יִתְנַהֵג עִמָּהֶם בְּנַחַת עַל פִּי דַּרְכָּם, כְּעֵין הַתִּפְאֶרֶת שֶׁהוּא מַשְׁפִּיעַ לַמַּלְכוּת וּמַנְהִיגָהּ כְּפִי עֲנִיּוּת דַּעְתָּהּ, כִּי דַּעְתָּן שֶׁל נָשִׁים קַלָּה[3] - וּבִכְלַל זֶה שֶׁלֹּא יִתְגָּאֶה עַל כָּל חֲלוּשֵׁי הַדַּעַת שֶׁהֵם בִּכְלַל עֲפַר הָאָרֶץ. וּמִפְּנֵי זֶה הַקַּדְמוֹנִים לֹא הָיוּ מִתְגָּאִים בַּתּוֹרָה כְּעוּבְדָא דְּרַב הַמְנוּנָא בְּפָרָשַׁת בְּרֵאשִׁית דַּף ז א, וּכְעוּבְדָא[4] דְּרַבִּי חַגַּאי, וּבַתִּקּוּנִים[5] - הַהוּא סָבָא דְּבָעוּ לְנַשְׁקָא לֵיהּ פָּרַח, שֶׁלֹּא הָיָה רוֹצֶה לְהִתְגָּאוֹת בְּדִבְרֵי תוֹרָה.

עוֹד יִהְיֶה רָגִיל בִּהְיוֹתוֹ נוֹשֵׂא וְנוֹתֵן בְּדִבְרֵי תוֹרָה לְכַוֵּן אֶל תִּקּוּנֵי שְׁכִינָה לְתַקְּנָהּ וּלְקַשְּׁטָהּ אֶל הַתִּפְאֶרֶת דְּהַיְנוּ הֲלָכָה אֶל הָאֱמֶת, וְזֶהוּ מַחְלֹקֶת לְשֵׁם שָׁמַיִם דְּהַיְנוּ חֶסֶד וּגְבוּרָה לָבֹא אֶל הַתִּפְאֶרֶת - שָׁמַיִם, לְהַסְכִּים הֲלָכָה עִמּוֹ. וְכָל מַחְלֹקֶת שֶׁיֵּצֵא מִן הַשּׁוּרָה הַזֹּאת יִבָּדֵל מִמֶּנּוּ כִּי לֹא יִרְצֶה הַתִּפְאֶרֶת לְהִתְאַחֵז

[2] גְּמָרָא נְדָרִים פא א
[3] גְּמָרָא שַׁבָּת לג ב
[4] זֹהַר חֵלֶק א' דַּף קנח א
[5] סוֹף תִּקּוּן כו דַּף עב ב

בַּחוּץ אֲפִלּוּ שֶׁיִּהְיֶה בְּדִבְרֵי תוֹרָה, אִם הוּא לְקַנְטֵר סוֹפָהּ גֵּיהִנֹּם חַס וְשָׁלוֹם, וְאֵין לְךָ מַחְלֹקֶת שֶׁלֹּא יִפְגֹּם הַתִּפְאֶרֶת אֶלָּא מַחְלֹקֶת הַתּוֹרָה לְשֵׁם שָׁמַיִם, שֶׁכָּל נְתִיבוֹתֶיהָ שָׁלוֹם וְאַהֲבָה בְּסוֹפָהּ.

וְהָאוֹכֵל הֲנָאוֹת מִדִּבְרֵי תוֹרָה פּוֹגֵם בַּמִּדָּה הַזֹּאת שֶׁהִיא קֹדֶשׁ וּמוֹצִיאָהּ אֶל דִּבְרֵי חוֹל, וְכַאֲשֶׁר יַעֲסֹק בַּתּוֹרָה לַהֲנָאַת גָּבוֹהַּ אַשְׁרֵי חֶלְקוֹ. וְעִקַּר הַכֹּל הוּא לְצָרֵף דַּעְתּוֹ בְּמִבְחַן הַמַּחֲשָׁבָה וּלְפַשְׁפֵּשׁ בְּעַצְמוֹ דֶּרֶךְ מַשָּׂא וּמַתָּן אִם יִמָּצֵא שֶׁמֶץ עֶרְוַת דָּבָר יַחֲזֹר בּוֹ, וּלְעוֹלָם יוֹדֶה עַל הָאֱמֶת, כְּדֵי שֶׁיִּמָּצֵא שָׁם הַתִּפְאֶרֶת מִדַּת אֱמֶת:

פֶּרֶק ח

הֵיאַךְ יַרְגִּיל הָאָדָם עַצְמוֹ בְּמִדּוֹת **נֶצַח הוֹד יְסוֹד**

תִּקּוּנֵי הַנֶּצַח וְהַהוֹד בִּכְלָלוּת

וְאוּלָם בְּתִקּוּנֵי הַנֶּצַח וְהַהוֹד, קְצָתָם מְשֻׁתָּפִים לִשְׁנֵיהֶם וּקְצָתָם מְיֻחָדִים כָּל אֶחָד לְעַצְמוֹ.

וְהִנֵּה רִאשׁוֹנָה צָרִיךְ לְסַיֵּעַ לוֹמְדֵי הַתּוֹרָה וּלְהַחְזִיקָם אִם בְּמָמוֹנוֹ אוֹ בְּמַעֲשֵׂהוּ לְהַזְמִין לָהֶם צָרְכֵי שִׁמּוּשׁ וְהַזְמָנַת מָזוֹן וַהֲפָקַת כָּל רְצוֹנָם שֶׁלֹּא יִתְבַּטְּלוּ מִדִּבְרֵי תוֹרָה וּלְהִזָּהֵר שֶׁלֹּא לְגַנּוֹת תַּלְמוּדָם שֶׁלֹּא יִתְרַפּוּ מֵעֵסֶק הַתּוֹרָה, אֶלָּא לְכַבְּדָם וּלְהַלֵּל מַעֲשֵׂיהֶם הַטּוֹבִים כְּדֵי שֶׁיִּתְחַזְּקוּ בַּעֲבוֹדָה, וּלְהַזְמִין לָהֶם סְפָרִים צֹרֶךְ עִסְקָם וּבֵית מִדְרָשׁ, וְכָל כַּיּוֹצֵא, שֶׁהוּא חִזּוּק וְסַעַד לְעוֹסְקֵי הַתּוֹרָה. הַכֹּל תָּלוּי בִּשְׁתֵּי מִדּוֹת הַלָּלוּ כָּל אֶחָד כְּפִי כֹּחוֹ הַמְעַט הוּא אִם רָב. סוֹף דָּבָר כָּל מַה שֶּׁיַּרְבֶּה בָּזֶה לְכַבֵּד הַתּוֹרָה וּלְהַחְזִיק בְּדִבּוּר בְּגוּפוֹ וּבְמָמוֹנוֹ וּלְעוֹרֵר לֵב הַבְּרִיּוֹת אֶל הַתּוֹרָה שֶׁיִּתְחַזְּקוּ בָהּ, הַכֹּל נֶאֱחָז וְנִשְׁרַשׁ בִּשְׁתֵּי סְפִירוֹת אֵלֶּה, מִפְּנֵי שֶׁהֵם נִקְרָאִים מַחְזִיקִים בָּהּ וְתוֹמְכֶיהָ.

עוֹד צָרִיךְ הָעוֹסֵק בַּתּוֹרָה שֶׁיִּלְמֹד מִכָּל אָדָם כְּדִכְתִיב[1] - מִכָּל מְלַמְּדַי הִשְׂכַּלְתִּי, כִּי אֵין הַתּוֹרָה מִשְׁתַּלֶּמֶת אֵצֶל רַב אֶחָד, וְכֵיוָן שֶׁהוּא נַעֲשֶׂה תַּלְמִיד לַכֹּל זוֹכֶה לִהְיוֹת מֶרְכָּבָה אֶל נֶצַח וָהוֹד לִמּוּדֵי ה' וְהַמַּשְׁפִּיעַ אֵלָיו תּוֹרָה הוּא בְּמַדְרֵגַת תִּפְאֶרֶת.

[1] תְּהִלִּים קיט צט

וַהֲרֵי בִּהְיוֹתוֹ יֹשֵׁב וְלוֹמֵד זוֹכֶה אֶל הַתִּפְאֶרֶת שֶׁיַּשְׁפִּיעַ בְּנֶצַח וְהוֹד וְהוּא בְּמַדְרֵגָתָם מַמָּשׁ.

נֶצַח וָהוֹד בִּפְרָטוּת

וְהִנֵּה בִּהְיוֹתוֹ לוֹמֵד מִקְרָא שֶׁהוּא מִן הַיָּמִין יֵשׁ לוֹ יַחַס פְּרָטִי אֶל הַנֶּצַח, וּבִהְיוֹתוֹ לוֹמֵד מִשְׁנָה שֶׁהִיא מִן הַשְּׂמֹאל יֵשׁ לוֹ יַחַס פְּרָטִי אֶל הַהוֹד, וְהַגְּמָרָא הַכְּלוּלָה בַּכֹּל שֶׁמֵּבִיא רְאָיָה לְדִינֵי הַמִּשְׁנָה מִן הַכָּתוּב הֲרֵי זֶה תִּקּוּן לִשְׁנֵיהֶם יַחַד.

תִּקּוּנֵי הַיְסוֹד

וְאוּלָם הָאֵיךְ יַרְגִּיל הָאָדָם עַצְמוֹ בְּמִדַּת הַיְסוֹד, צָרִיךְ הָאָדָם לְהִזָּהֵר מְאֹד מֵהַדִּבּוּר הַמֵּבִיא לִידֵי הִרְהוּר כְּדֵי שֶׁלֹּא יָבֹא לִידֵי קֶרִי, אֵין צָרִיךְ לוֹמַר שֶׁלֹּא יְדַבֵּר נְבָלָה אֶלָּא אֲפִילוּ דִּבּוּר טָהוֹר הַמֵּבִיא לִידֵי הִרְהוּר רָאוּי לְהִשָּׁמֵר מִמֶּנּוּ, וַהֲכִי דָּיֵק לִישָׁנָא דִקְרָא[2] - אַל תִּתֵּן אֶת פִּיךָ לַחֲטִיא אֶת בְּשָׂרֶךָ, הִזְהִיר שֶׁלֹּא יִתֵּן פִּיו בְּדִבּוּר שֶׁמֵּבִיא לְהַחֲטִיא בְּשַׂר קֹדֶשׁ אוֹת בְּרִית - בְּקֶרִי. וּכְתִיב[3] - לָמָּה יִקְצֹף הָאֱלֹהִים וְגוֹ', וְאִם הוּא נִבְלוּת הַפֶּה, מַאי לַחֲטִיא, הֲרֵי הוּא בְּעַצְמוֹ חֵטְא, אֶלָּא אֲפִילוּ שֶׁהַדִּבּוּר לֹא יִהְיֶה חֵטְא אֶלָּא דִּבּוּר טָהוֹר, אִם מֵבִיא לִידֵי הִרְהוּר צָרִיךְ לְהִזָּהֵר מִמֶּנּוּ, וְלָזֶה אָמַר - לַחֲטִיא אֶת בְּשָׂרֶךָ לָמָּה יִקְצֹף, יִרְצֶה אַחַר שֶׁמַּחְטִיא יִקְצֹף עַל אוֹתוֹ קוֹל אֲפִילוּ שֶׁיִּהְיֶה מֻתָּר, כִּי עַל יְדֵי פְּעֻלָּה רָעָה הַנִּמְשֶׁכֶת מִמֶּנּוּ, חָזַר הַקּוֹל וְהַדִּבּוּר רָע. כָּל כָּךְ צָרִיךְ זְהִירוּת לְאוֹת בְּרִית, שֶׁלֹּא לְהַרְהֵר וְלֹא יַשְׁחִית.

---

[2] קֹהֶלֶת ה ה

[3] קֹהֶלֶת ה ה

וְעוֹד צָרִיךְ לְהִזָּהֵר שֶׁהַיְּסוֹד הוּא אוֹת בְּרִית הַקֶּשֶׁת, וְהַקֶּשֶׁת אֵינָהּ דְּרוּכָה לְמַעְלָה אֶלָּא לְשַׁלַּח חִצִּים לְמִדַּת הַמַּלְכוּת שֶׁהִיא מַטָּרָה לַחֵץ, שׁוֹמֶרֶת הַטִּפָּה הַיּוֹרָה כְּחֵץ לַעֲשׂוֹת עָנָף וְלָשֵׂאת פֶּרִי, וּכְשֵׁם שֶׁמֵּעוֹלָם לֹא יִדְרֹךְ הַקֶּשֶׁת הָעֶלְיוֹן אֶלָּא לְנֹכַח הַמַּטָּרָה הַנִּזְכֶּרֶת, כָּךְ הָאָדָם לֹא יִדְרֹךְ הַקֶּשֶׁת וְלֹא יַקְשֶׁה עַצְמוֹ בְּשׁוּם צַד, אֶלָּא לְנֹכַח הַמַּטָּרָה הָרְאוּיָה, שֶׁהִיא אִשְׁתּוֹ בְּטָהֳרָתָהּ שֶׁהוּא עֵת הַזִּוּוּג וְלֹא יוֹתֵר מִזֶּה, יִפְגֹּם הַמִּדָּה הַזֹּאת חַס וְשָׁלוֹם וּמְאֹד מְאֹד צָרִיךְ זְהִירוּת, וְעִקַּר הַשְּׁמִירָה בִּהְיוֹתוֹ שׁוֹמֵר עַצְמוֹ מִן הַהִרְהוּר.

פֶּרֶק ט

הֵיאַךְ יַרְגִּיל הָאָדָם עַצְמוֹ בְּמִדּוֹת **הַמַּלְכוּת**

לְהַשְׁפִּיל אֶת עַצְמוֹ.
רִאשׁוֹנָה לְכֻלָּן שֶׁלֹּא יִתְגָּאֶה לִבּוֹ בְּכָל אֲשֶׁר לוֹ, וְיָשִׂים עַצְמוֹ תָּמִיד כְּעָנִי וְיַעֲמִיד עַצְמוֹ לִפְנֵי קוֹנוֹ כְּדַל שׁוֹאֵל וּמִתְחַנֵּן. וּלְהַרְגִּיל עַצְמוֹ בְּמִדָּה זוֹ אֲפִלּוּ שֶׁיִּהְיֶה עָשִׁיר יַחְשֹׁב שֶׁאֵין דָּבֵק עִמּוֹ מִכָּל אֲשֶׁר לוֹ מְאוּמָה וְהוּא נֶעֱזָב צָרִיךְ לְרַחֲמֵי הַבּוֹרֵא תָּמִיד, שֶׁאֵין לוֹ כָּל דָּבָר אֶלָּא הַלֶּחֶם אֲשֶׁר אֹכֵל, וְיַכְנִיעַ לְבָבוֹ וִיְעַנֵּי עַצְמוֹ, וּמַה גַּם בְּעֵת תְּפִלּוֹתָיו שֶׁזּוֹ סְגֻלָּה נִפְלָאָה, וּלְהֵפֶךְ מִזֶּה נֶאֱמַר[1] - וְרָם לְבָבֶךָ וְשָׁכַחְתָּ, שֶׁהַשִּׁכְחָה הַחִצוֹנִית מְצוּיָה שָׁם. וְדָוִד הִתְנַהֵג בְּמִדָּה זוֹ הַרְבֵּה שֶׁאָמַר[2] - כִּי יָחִיד וְעָנִי אָנִי, שֶׁהֲרֵי כָּל אַנְשֵׁי בֵיתוֹ כָּל אֶחָד וְאֶחָד צָרִיךְ לְהֵעָזֵר לְעַצְמוֹ, מַה כֻּלָּם אֵלָיו אֲפִלּוּ אִשְׁתּוֹ וּבָנָיו מַה יּוֹעִילוּהוּ בִּהְיוֹתוֹ נִשְׁפָּט לִפְנֵי הַבּוֹרֵא אוֹ בְּעֵת סִלּוּק נִשְׁמָתוֹ, כְּלוּם יְלַוּוּהוּ אֶלָּא עַד קִבְרוֹ. מָה הֵם לוֹ בְּעֵת דִּינָיו מִפֶּתַח הַקֶּבֶר וְאֵילָךְ, לְפִיכָךְ יַשְׁפִּיל וִיתַקֵּן עַצְמוֹ בְּסוֹד הַמִּדָּה הַזֹּאת.

לָצֵאת לְגָלוּת
עוֹד שְׁנִיָּה פֵּרְשׁוּ בְּסֵפֶר הַזֹּהַר[3] - וְהִיא חֲשׁוּבָה מְאֹד, יִגְלֶה מִמָּקוֹם לְמָקוֹם לְשֵׁם שָׁמַיִם, וּבָזֶה יֵעָשֶׂה מֶרְכָּבָה אֶל הַשְּׁכִינָה הַגּוֹלָה. וִידַמֶּה עַצְמוֹ הֲרֵי אֲנִי גָלִיתִי וַהֲרֵי כְּלֵי תַשְׁמִישִׁי עִמִּי, מַה יַּעֲשֶׂה כְּבוֹד גָּבוֹהַּ שֶׁגָּלְתָה שְׁכִינָה וְכֵלֶיהָ אֵינָם עִמָּהּ,

---

1 דְּבָרִים ח יד
2 תְּהִלִּים כה טז
3 זֹהַר וַיַּקְהֵל קצח ב

שֶׁחָסְרוּ בְּסִבַּת הַגָּלוּת. וְלָזֶה יְמַעֵט בְּכֵלָיו בְּכָל יְכָלְתּוֹ כְּדִכְתִיב[4] - כְּלֵי גוֹלָה עֲשִׂי לָךְ, וְיַכְנִיעַ לְבָבוֹ בַּגּוֹלָה וְיִתְקַשֵּׁר בַּתּוֹרָה, וְאָז שְׁכִינָה עִמּוֹ, וְיַעֲשֶׂה לְעַצְמוֹ גֵּרוּשִׁין וְיִתְגָּרֵשׁ מִבֵּית מְנֻחָתוֹ תָּמִיד כְּדֶרֶךְ שֶׁהָיוּ מִתְגָּרְשִׁים רַבִּי שִׁמְעוֹן וַחֲבֵרָיו וְעוֹסְקִים בַּתּוֹרָה. וּמַה גַּם אִם יַכְתֵּת רַגְלָיו מִמָּקוֹם לְמָקוֹם בְּלִי סוּס וָרֶכֶב, עָלָיו נֶאֱמַר[5] - שִׁבְרוֹ עַל ה' אֱלֹהָיו, וּפֵרְשׁוּ בוֹ[6] - לְשׁוֹן שֶׁבֶר שֶׁהוּא מְשַׁבֵּר גּוּפוֹ לִכְבוֹד גָּבוֹהַּ.

לְיִרְאָה אֶת הַשֵּׁם

עוֹד מִמִּדַּת הַמַּלְכוּת מִדָּה חֲשׁוּבָה מְאֹד, שַׁעַר הָעֲבוֹדָה כֻּלָּהּ, וְהִיא לְיִרְאָה אֶת ה' הַנִּכְבָּד וְהַנּוֹרָא. וְהִנֵּה הַיִּרְאָה מְסֻכֶּנֶת מְאֹד לִפְגַּם וּלְהִכָּנֵס בָּהּ הַחִצוֹנִים שֶׁהֲרֵי אִם הוּא יָרֵא מִן הַיִּסּוּרִים אוֹ מִן הַמִּיתָה אוֹ מִגֵּיהִנֹּם, הֲרֵי זוֹ יִרְאַת הַחִצוֹנִים, שֶׁכָּל פְּעֻלּוֹת אֵלּוּ מִן הַחִצוֹנִים, אָמְנָם הַיִּרְאָה הָעִקָּרִית לְיִרְאָה אֶת ה'. וְהוּא שֶׁיַּחְשֹׁב בִּשְׁלֹשָׁה דְּבָרִים:

הָאֶחָד - לִהְיוֹת גְּדֻלָּתוֹ שֶׁל יוֹצֵר הַכֹּל עַל כָּל נִמְצָא. וַהֲרֵי הָאָדָם יָרֵא מִן הָאֲרִי, מִן הַדֹּב, מִן הָאַנָּס, מִן הָאֵשׁ, מִן ה מַפֹּלֶת, וְאֵלּוּ הֵם שְׁלוּחִים קְטַנִּים, וְלָמָּה לֹא יִירָא מִן הַמֶּלֶךְ הַגָּדוֹל וְיִהְיֶה פַּחְדּוֹ עַל פָּנָיו מִגְּדֻלָּתוֹ, וְיֹאמַר הֵיאַךְ יֶחֱטָא הָאָדָם הַנִּבְזֶה לְאָדוֹן רַב כָּזֶה וַהֲרֵי אִלּוּ הָיָה דֹּב יֹאכְלֵהוּ, וְאִלּוּ הַקָּדוֹשׁ בָּרוּךְ הוּא סוֹבֵל עֶלְבּוֹן, מִפְּנֵי זֶה לֹא יִירָא מִפַּחְדּוֹ וּגְדֻלָּתוֹ.

הַשֵּׁנִי - כַּאֲשֶׁר יְדַמֶּה הַשְׁגָּחָתוֹ תָּמִיד שֶׁהוּא צוֹפֶה וּמַבִּיט בּוֹ

---

[4] יִרְמְיָהוּ מו יט

[5] תְּהִלִּים קמו ה

[6] זֹהַר וַיַּקְהֵל קצח א

וַהֲרֵי הָעֶבֶד יָרֵא מֵרַבּוֹ תָּמִיד בִּהְיוֹתוֹ לְפָנָיו, וְהָאָדָם תָּמִיד לִפְנֵי הַבּוֹרֵא וְעֵינוֹ פְּקוּחָה עַל כָּל דְּרָכָיו, יִירָא וְיִפְחַד הֵיאַךְ יִרְאֶנּוּ מְבַטֵּל מִצְוֹתָיו.

הַשְּׁלִישִׁי - הֱיוֹתוֹ שֹׁרֶשׁ כָּל הַנְּשָׁמוֹת.
וְכֻלָּן מֻשְׁרָשׁוֹת בִּסְפִירוֹתָיו, וְהַחוֹטֵא פּוֹגֵם הֵיכָלוֹ, וְלָמָּה לֹא יִירָא הֵיאַךְ יִהְיֶה הֵיכַל הַמֶּלֶךְ מְלֻכְלָךְ מִמַּעֲשָׂיו הָרָעִים.

הָרְבִיעִי - יִרְאֶה שֶׁפְּגַם מַעֲשָׂיו הֵם דּוֹחִים שְׁכִינָה מִלְמַעְלָה וְיִירָא הֵיאַךְ יִגְרֹם הָרָעָה הַגְּדוֹלָה הַזֹּאת לְהַפְרִיד חֵשֶׁק הַמֶּלֶךְ מִן הַמַּלְכָּה, וְהַיִּרְאָה שֶׁהִיא כַּיּוֹצֵא בָּזֶה הִיא יִרְאָה הַמְּיַשֶּׁרֶת הָאָדָם אֶל תִּקּוּן הַמִּדָּה הַזֹּאת וְהוּא דָּבֵק בָּהּ.

לַעֲשׂוֹת שֶׁהַשְּׁכִינָה תִּדְבַּק בּוֹ עַל יְדֵי הַהִתְנַהֲגוּת עִם אִשְׁתּוֹ.
עוֹד זְהִירוּת הַרְבֵּה צָרִיךְ לִקַּח הָאָדָם לְעַצְמוֹ לַעֲשׂוֹת שֶׁתִּהְיֶה שְׁכִינָה דְּבֵקָה עִמּוֹ וְלֹא תִּפָּרֵד מִמֶּנּוּ, וְהִנֵּה הָאָדָם בְּעוֹד שֶׁלֹּא נָשָׂא אִשָּׁה פְּשִׁיטָא שֶׁאֵין עִמּוֹ שְׁכִינָה כְּלָל כִּי עִקַּר שְׁכִינָה לָאָדָם מִצַּד הַנְּקֵבָה, וְהָאָדָם עוֹמֵד בֵּין שְׁתֵּי הַנְּקֵבוֹת, נְקֵבָה תַּחְתּוֹנָה גַּשְׁמִית שֶׁהִיא נוֹטֶלֶת מִמֶּנּוּ שְׁאֵר כְּסוּת וְעוֹנָה, וְהַשְּׁכִינָה הָעוֹמֶדֶת עָלָיו לְבָרְכוֹ בְּכֻלָּם שֶׁיִּתֵּן וְיַחְזֹר וְיִתֵּן לְאֵשֶׁת בְּרִיתוֹ כְּעִנְיַן הַתִּפְאֶרֶת שֶׁהוּא עוֹמֵד בֵּין שְׁתֵּי הַנְּקֵבוֹת, אִימָּא עִילָּאָה לְהַשְׁפִּיעַ לוֹ כָּל הַצָּרִיךְ, וְאִימָּא תַּתָּאָה לְקַבֵּל מִמֶּנּוּ שְׁאֵר כְּסוּת וְעוֹנָה, חֶסֶד דִּין רַחֲמִים כַּנּוֹדָע.וְלֹא תָּבֹא אֵלָיו שְׁכִינָה אִם לֹא יְדַמֶּה אֶל מְצִיאוּת הָעֶלְיוֹן.
וְהִנֵּה לִפְעָמִים הָאָדָם פּוֹרֵשׁ מֵאִשְׁתּוֹ לְאַחַת מִשְּׁלֹשָׁה סִבּוֹת:
הָא' - לִהְיוֹתָהּ נִדָּה.
הַב' - שֶׁהוּא עוֹסֵק בַּתּוֹרָה וּבוֹדֵל מִמֶּנָּה כָּל יְמֵי הַחֹל.
הַג' - שֶׁהוּא הוֹלֵךְ בַּדֶּרֶךְ וְשׁוֹמֵר עַצְמוֹ מִן הַחֵטְא.

וּבִזְמַנִּים אֵלּוּ הַשְּׁכִינָה דְּבֵקָה וּקְשׁוּרָה עִמּוֹ וְאֵינָהּ מַנַּחַת אוֹתוֹ, כְּדֵי שֶׁלֹּא יִהְיֶה נֶעֱזָב וְנִפְרָד, אֶלָּא לְעוֹלָם אָדָם שָׁלֵם זָכָר וּנְקֵבָה, וַהֲרֵי שְׁכִינָה מִזְדַּוֶּגֶת לוֹ, צָרִיךְ אָדָם לִזָּהֵר שֶׁלֹּא תִּפָּרֵד שְׁכִינָה מִמֶּנּוּ בִּהְיוֹתוֹ יוֹצֵא לַדֶּרֶךְ, וְיִהְיֶה זָרִיז וְנִשְׂכַּר לְהִתְפַּלֵּל תְּפִלַּת הַדֶּרֶךְ וְלֶאֱחֹז בַּתּוֹרָה, שֶׁבְּסִבָּה זוֹ שְׁכִינָה שֶׁהִיא שְׁמִירַת הַדֶּרֶךְ, עוֹמֶדֶת לוֹ תָּמִיד בִּהְיוֹתוֹ זָהִיר מִן הַחֵטְא וְעוֹסֵק בַּתּוֹרָה. וְכֵן בִּהְיוֹת אִשְׁתּוֹ נִדָּה שְׁכִינָה עוֹמֶדֶת לוֹ כְּשֶׁשּׁוֹמֵר הַנִּדָּה כָּרָאוּי. אַחַר כָּךְ בְּלֵיל טָהֳרָתָהּ אוֹ בְּלֵיל שַׁבָּת אוֹ בְּבֹאוֹ מִן הַדֶּרֶךְ, כָּל אֶחָד מֵהֶן זְמַן בְּעִילַת מִצְוָה הוּא. וּשְׁכִינָה תָּמִיד נִפְתַּחַת לְמַעְלָה לְקַבֵּל נְשָׁמוֹת קְדוֹשׁוֹת, גַּם אִשְׁתּוֹ רָאוּי לִפְקֹד אֹתָהּ וּבָזֶה שְׁכִינָה תָּמִיד עִמּוֹ, כֵּן פֵּרֵשׁ בַּזֹּהַר בְּפָרָשַׁת בְּרֵאשִׁית דַּף מט א. הַפְּקִידָה לְאִשְׁתּוֹ צָרִיךְ שֶׁתִּהְיֶה דַּוְקָא בִּזְמַן שֶׁהַשְּׁכִינָה בִּמְקוֹמָהּ, דְּהַיְנוּ כְּשֶׁהִיא בֵּין שְׁתֵּי זְרוֹעוֹת. אָמְנָם בִּזְמַן צָרַת הַצִּבּוּר שֶׁאֵין הַשְּׁכִינָה בֵּין שְׁתֵּי זְרוֹעוֹת, אָסוּר. וְכֵן פֵּרְשׁוּ בַּתִּקּוּנִים פָּרָשַׁת בְּרֵאשִׁית תִּקּוּן סט.

לְתַקֵּן הַמִּדּוֹת כֻּלָּם וּלְקַבֵּל עֹל מִצְוֹת.
הָרוֹצֶה לְהִזְדַּוֵּג עִם בַּת הַמֶּלֶךְ וְשֶׁלֹּא תִּפָּרֵד מִמֶּנּוּ לְעוֹלָם צָרִיךְ תְּחִלָּה שֶׁיְּקַשֵּׁט עַצְמוֹ בְּכָל מִינֵי קִשּׁוּטִים וּמַלְבּוּשִׁים נָאִים וְהֵם תִּקּוּנֵי הַמִּדּוֹת הַנִּזְכָּרוֹת כֻּלָּם. וְאַחַר שֶׁתִּקֵּן עַצְמוֹ בְּתִקּוּנֶיהָ יְכַוֵּן לְקַבְּלָהּ עָלָיו בִּהְיוֹתוֹ עוֹסֵק בַּתּוֹרָה וְנוֹשֵׂא עֹל מִצְוֹת בְּסוֹד כַּוָּנַת הַיִּחוּד תָּמִיד, וּמִיַּד הִיא נִשֵּׂאת לוֹ וְאֵינָהּ פּוֹרֶשֶׁת מִמֶּנּוּ. וְזֶה בִּתְנַאי שֶׁיִּטַּהֵר וִיקַדֵּשׁ עַצְמוֹ, וְאַחַר שֶׁהוּא טָהוֹר וְקָדוֹשׁ יְכַוֵּן לְקַיֵּם לָהּ שְׁאֵר כְּסוּת וְעוֹנָה שֶׁהֵם שְׁלֹשָׁה דְּבָרִים שֶׁחַיָּב הָאָדָם לְאִשְׁתּוֹ:

הָאַחַת
לְהַשְׁפִּיעַ לָהּ בְּכָל מַעֲשָׂיו שֶׁפַע מִן הַיָּמִין - מְזוֹנָהּ.

הַשְּׁנִיָּה

לְכַסּוֹת עָלֶיהָ מִצַּד הַגְּבוּרָה. שֶׁלֹּא יִשְׁלְטוּ בָהּ הַחִצוֹנִים שֶׁלֹּא יִהְיֶה צַד יֵצֶר הָרַע בְּעֵסֶק מִצְוֹתָיו, כְּגוֹן לַהֲנָאַת הַגּוּף וּלְתִקְוַת הַכָּבוֹד הַמְדֻמֶּה וְכַיּוֹצֵא, שֶׁיֵּצֶר הָרַע מָצוּי בְּאוֹתָהּ מִצְוָה וְהִיא בּוֹרַחַת מִמֶּנּוּ מִפְּנֵי שֶׁהִיא עֶרְוָ"ה, אִם כֵּן צָרִיךְ לְכַסּוֹת הָעֶרְוָה וּלְהַסְתִּירָהּ תָּמִיד שֶׁלֹּא יִשְׁלֹט בָּהּ. כֵּיצַד, כָּל מַעֲשָׂיו לְשֵׁם שָׁמַיִם בְּלִי חֵלֶק לְיֵצֶר הָרָע. וְכֵן תְּפִלִּין וְצִיצִית הֵם מְגִנִּים גְּדוֹלִים בַּעֲדָהּ שֶׁלֹּא יִשְׁלְטוּ הַחִצוֹנִים בָּהּ, וְיִהְיֶה רָגִיל בָּהֶם.

הַשְּׁלִישִׁי

לְיַחֲדָהּ עִם הַתִּפְאֶרֶת בְּעוֹנַת קְרִיאַת שְׁמַע, בִּקְבִיעוּת עִתִּים לַתּוֹרָה, וּכְשֶׁיִּקְבַּע עוֹנָה לְכָל דָּבָר, יְכַוֵּן שֶׁזֶּהוּ עוֹנַת הַשְּׁכִינָה בַּת מֶלֶךְ, וְיֵשׁ רֶמֶז לָזֶה בַּתִּקּוּנִים:

פֶּרֶק י

לְהִתְחַבֵּר עִם הַסְּפִירוֹת לְפִי הַזְּמַן.
פֵּרֵשׁ רַבִּי שִׁמְעוֹן בְּפָרָשַׁת בְּרֵאשִׁית דַּף יא א, עֵצָה רַבָּה וּגְדוֹלָה מִן הַתּוֹרָה הֵיאַךְ יִתְקַשֵּׁר הָאָדָם בִּקְדֻשָּׁה הָעֶלְיוֹנָה וְיִתְנַהֵג בָּהּ, וְלֹא יִפָּרֵד מִן הַסְּפִירוֹת הָעֶלְיוֹנוֹת תָּדִיר, וְצָרִיךְ הָאָדָם בָּזֶה לְהִתְנַהֵג כְּפִי הַזְּמַן, רוֹצֶה לוֹמַר לָדַעַת אֵיזוֹ סְפִירָה שׁוֹלֶטֶת וּלְהִתְקַשֵּׁר בָּהּ וְלַעֲשׂוֹת הַתִּקּוּן הַמִּתְיַחֵס אֶל הַמִּדָּה הַשּׁוֹלֶטֶת.

בַּלַּיְלָה יִתְקַשֵּׁר עִם הַמַּלְכוּת
וְהִתְחִיל מֵהַלַּיְלָה עֵת שְׁכִיבַת הָאָדָם עַל מִטָּתוֹ, וַהֲרֵי הַשְּׁלִיטָה הִיא לַיְלָה מִדַּת הַמַּלְכוּת, וְהוּא הוֹלֵךְ לִישֹׁן, הַשֵּׁנָה הִיא כְּעֵין מִיתָה וְאִילָנָא דְמוֹתָא שָׁלְטָא, מַה יַּעֲשֶׂה, יְתַקֵּן וְיַקְדִּים לְהִתְקַשֵּׁר בְּסוֹד הַקְּדֻשָּׁה דְּהַיְנוּ סוֹד מִדַּת הַמַּלְכוּת בִּבְחִינַת קְדֻשָּׁתָהּ, וְלָזֶה יֵלֵךְ עַל מִטָּתוֹ וִיקַבֵּל עֹל מַלְכוּת שָׁמַיִם שְׁלֵמָה בְּכוֹנַת הַלֵּב. קָם בַּחֲצוֹת לַיְלָה יִטּוֹל יָדָיו מֵהַקְּלִפָּה הַשּׁוֹלֶטֶת עֲלֵיהֶם וְיַעֲבִיר רָעָה מִבְּשָׂרוֹ וִיבָרֵךְ, וִיתַקֵּן הַשְּׁכִינָה בְּעֵסֶק הַתּוֹרָה, וְעַל זֶה נֶאֱמַר עָלֶיהָ[1] - בְּשָׁכְבְּךָ תִּשְׁמֹר עָלֶיךָ, מִן הַחִצוֹנִים, וַהֲקִיצוֹתָ[2] הִיא תְשִׂיחֶךָ, וְתִתְקַשֵּׁר עִמּוֹ וְהוּא עִמָּהּ, וְיִתְעַלֶּה דְּיוֹקָן נִשְׁמָתוֹ בְּגַן עֵדֶן עִם הַשְּׁכִינָה הַנִּכְנֶסֶת שָׁם עִם הַצַּדִּיקִים, וְהַתִּפְאֶרֶת יָבֹא שָׁם גַּם הוּא לְהִשְׁתַּעֲשֵׁעַ עִם הַצַּדִּיקִים וְעִמּוֹ בְּחֶבְרָתָם, שֶׁכֻּלָּם מַקְשִׁיבִים לְקוֹלוֹ. הֲרֵי מַמָּשׁ נָסַע עִמָּהּ מֵהַמִּיתָה וְהַשֵּׁנָה אֶל סוֹד הַחַיִּים הָעֶלְיוֹנִים וְנִקְשַׁר

[1] מִשְׁלֵי ו כב
[2] מִשְׁלֵי ו כב

בְּסוֹד גַּן עֵדֶן וְהִתְחִיל לְהִתְנוֹצֵץ עָלָיו אוֹר הַתִּפְאֶרֶת הַמִּתְנוֹצֵץ בְּגַן עֵדֶן עַל הַצַּדִּיקִים, וְכֵן פֵּרֵשׁ בְּפָרָשַׁת תְּרוּמָה דַּף קל ב.

בַּשַּׁחַר יִתְקַשֵּׁר עִם מִדּוֹת שְׁלֹשֶׁת הָאָבוֹת הַכְּלוּלִים בַּתִּפְאֶרֶת. הִשְׁכִּים וְעָלָה עַמּוּד הַשַּׁחַר, הִתְחִיל הוּא גַּם כֵּן לָבֹא לִכָּנֵס לְבֵית הַכְּנֶסֶת, וְקָשַׁר עַצְמוֹ בִּשְׁלֹשָׁה אָבוֹת. בְּפֶתַח בֵּית הַכְּנֶסֶת אוֹמֵר[3] - וַאֲנִי בְּרֹב חַסְדְּךָ אָבוֹא וְכוּ', וְכוֹלֵל עַצְמוֹ בְּסוֹד הַתִּפְאֶרֶת אָדָם כָּלוּל חֶסֶד גְּבוּרָה תִּפְאֶרֶת, וְנִכְנָס לִכְנֶסֶת מַלְכוּת.

וּמְכַוֵּן בַּפָּסוּק בִּשְׁלֹשָׁה אָבוֹת:

בְּרֹב חַסְדְּךָ - דָּא אַבְרָהָם.
אֶשְׁתַּחֲוֶה אֶל הֵיכַל קָדְשְׁךָ - דָּא יִצְחָק, דְּמִסְטְרֵיהּ הִשְׁתַּחֲוָיָה לִכְפֹּף קוֹמָתוֹ נֶגֶד מִדַּת הַדִּין לִהְיוֹת נִדְחֶה מִפָּנֶיהָ, וְאָז הַשָּׁעָה נִדְחֵית מִפָּנָיו כִּי יַמְשֵׁךְ שֶׁפַע הָרַחֲמִים מִלְמַעְלָה עָלֶיהָ לְמַתְּקָהּ.
בְּיִרְאָתֶךָ - דָּא יַעֲקֹב, דִּכְתִיב בֵּיהּ[4] - מַה נּוֹרָא הַמָּקוֹם הַזֶּה. וַהֲרֵי כָּלַל עַצְמוֹ בָּהֶם בְּמַחְשָׁבָה דִּבּוּר וּמַעֲשֶׂה, כִּי מַחֲשָׁבָה שֶׁזָּכַרְנוּ הִיא הַכַּוָּנָה, הַדִּבּוּר הוּא הַפָּסוּק, וְהַמַּעֲשֶׂה הַבִּיאָה לְבֵית הַכְּנֶסֶת וְהִשְׁתַּחֲוָיָתוֹ נֶגֶד הֵיכָלוֹ.

הַמִּדּוֹת שֶׁמִּתְקַשֵּׁר בָּהֶם בְּמֶשֶׁךְ הַיּוֹם.
קֹדֶם תְּפִלָּה עוֹמֵד בְּבֵית הַכְּנֶסֶת, פִּיו מְקוֹר נוֹבֵעַ תְּפִלָּה וְיִחוּד יְסוֹד, מְקוֹר הַבְּאֵר נִפְתָּח בַּבְּאֵר שֶׁהוּא בֵּית הַכְּנֶסֶת, וּמְתַקֵּן שְׁכִינָה בְּכָל יְכֹלֶת כַּוָּנָתוֹ בִּתְפִלָּתוֹ. יוֹצֵא מִשָּׁם, עוֹלֶה

[3] תְּהִלִּים ה ח
[4] בְּרֵאשִׁית כח יז

בְּסוֹד הַתּוֹרָה, וּמִתְקַשֵּׁר בָּהּ בְּסוֹד מִדַּת יוֹם, וּמִתְנַהֵג עִמָּהּ כָּל הַיּוֹם עַד שְׁעַת הַמִּנְחָה, שֶׁמִּתְקַשֵּׁר בַּגְּבוּרָה. שֶׁהֲרֵי בַּבֹּקֶר נִקְשַׁר בַּחֶסֶד בִּתְפִלָּתוֹ, וּבַיּוֹם בַּתִּפְאֶרֶת בְּעֵסֶק הַתּוֹרָה, וּבָעֶרֶב בַּגְּבוּרָה. וְכָל זֶה בְּמִדַּת יוֹם שֶׁהוּא בָּא לְבֵית הַכְּנֶסֶת לְיַחֵד בְּסוֹד הַגְּבוּרָה, כְּדֶרֶךְ שֶׁעָשָׂה בְּצַד הַחֶסֶד.

וּבֵין זֶה לָזֶה קוֹשֵׁר הַשְּׁכִינָה עִמּוֹ בִּסְעוּדָתוֹ, שֶׁגּוֹמֵל חֶסֶד עִם הָעֲנִיָּה הַזֹּאת, כְּמוֹ שֶׁהָיָה אוֹמֵר הִלֵּל הַזָּקֵן[5] - יוֹדֵעַ[6] צַדִּיק נֶפֶשׁ בְּהֶמְתּוֹ, וְזוֹ תִּהְיֶה כַּוָּנָתוֹ בִּסְעוּדָתוֹ לִגְמֹל חֶסֶד לְנֶפֶשׁ בְּהֵמָה וּלְקָשְׁרָהּ בְּסוֹד הַמָּזוֹן.

וְאַחַר שֶׁעָלָה לִשְׁעַת הַמִּנְחָה וְנִקְשַׁר בַּגְּבוּרָה, הִמְתִּין לָעֶרֶב וְיָרַד הַתִּפְאֶרֶת אֶל הַמַּלְכוּת, וַהֲרֵי הוּא עִמָּהּ בִּתְחִלַּת הַלַּיְלָה קוֹשֵׁר עַצְמוֹ בָּהּ וְנִכְנָס לְבֵית הַכְּנֶסֶת עִם הַכַּוָּנָה הַנִּזְכֶּרֶת לְמַעְלָה, וְקוֹשֵׁר עַצְמוֹ לְמַטָּה - תִּפְאֶרֶת בָּא לְבֵית מְלוֹנוֹ.

יָצָא מִבֵּית הַכְּנֶסֶת יְיַחֵד עַצְמוֹ מַמָּשׁ בַּמַּלְכוּת לְבַד, בְּסוֹד קַבָּלַת עֹל מַלְכוּת שָׁמַיִם, וְזֶהוּ תְּקוּפָתוֹ בַּיּוֹם עִם תְּקוּפַת הַסְּפִירָה, וּלְעוֹלָם דָּבֵק בָּאוֹר הַשּׁוֹלֵט.

עֵצָה זוֹ עִקָּרָהּ בְּפָרָשַׁת בְּרֵאשִׁית, וְהַשְּׁאָר מְקֻבָּץ מִמְּקוֹמוֹת רַבִּים מֵהַזֹּהַר. וְהִיא עֵצָה כּוֹלֶלֶת לְהִתְקַשֵּׁר הָאָדָם תָּמִיד בַּקְּדֻשָּׁה וְלֹא יֶחְסַר עֲטוּר הַשְּׁכִינָה מֵעַל רֹאשׁוֹ:

תַּם וְנִשְׁלַם שֶׁבַח לָאֵל יוֹדֵעַ כָּל נֶעְלָם, הַיּוֹם יוֹם ד' י"ב יָמִים לְמַרְחֶשְׁוָן, שְׁנַת - יֶעֱרַב עָלָיו שִׂיחִי אָנֹכִי אֶשְׂמַח בַּה':

---

[5] וַיִּקְרָא רַבָּה לד ג

[6] מִשְׁלֵי יב י

א-

א - אחד
א - אחר
אא - אבי אדוני
אא - אבי אדוני
אא - אברהם אבינו
אא - אומרים אמן
אא - אי אפשר
אא - אי אתה
אא - אריך אנפין
אא - אשת איש
אאביע - א"ק אצילות בריאה יצירה עשיה
אאכ - אלא אם כן
אאלט - אם אני לא טועה
אאס - אור אין סוף
אאעה - אברהם אבינו עליו השלום
אאעה - אברהם אבינו עליו השלום
אב - איכא בינייהו (יש ביניהם) ארמית
אב - אמרי בינה (ספר)
אבא - אחור באחור
אבא - אי בעית אימא
אבד - אב בית דין
אבי - אצילות בריאה יצירה
אביע - אצילות בריאה יצירה עשיה
אבפ - אחור בפנים
אגלא - אתה גיבור לעולם אדני (שם קודש)
אד - איכא דאמרי (יש אומרים) ארמית
אדהר - אדם הראשון
אדמור - אדוננו מורנו ורבינו
אדק - אדם קדמון
אדר - אידרא רבא
אדרז - אדרא זוטא
אה - אמר המגיה
אהב - אבי הבן
אהב - אמר הבונה
אהב - אמר הבן
אהויר - אהבה ויראה
אהנ - אין הכי נמי (הן כך הוא) ארמית
אהנ - אליהו הנביא
או - אלא ודאי

אוא - אבא ואמא
אוא - אחד ואחד
אוא - אלהינ"ו ואלה"י אבותינו
אוד - או דילמא (או אולי) ארמית
אוה - אומות העולם
אוה - איסור והתר
אוהח - אור החמה
אוהחהק - אור החיים הקדוש (רבי חיים בן עטר)
אוהל - אור הלבנה
אוהמ - אור המקיף
אוהע - אומות העולם
אוז - אור זרוע (ספר)
אוח - אור חוזר
אוחוז - אור חוזר
אוחז - אור חוזר
אוי - אור ישר
אויור - אור יושר
אומ - אור מקיף
אונ - אהובי וידיד נפשי
אונ - אוכל נבלות
אונ - אוכל נפש
אונ - אריך ונוקבא
אופ - אור פנימי
אופא - אופן אחר
אוצח - אוצרות חיים
אורהפ - אור הפנימי
אז - אדרא זוטא
אז - אור זרוע (ספר)
אז - אחרי זה
אח - אור חוזר
אח - אורח חיים
אח - אזן חוטם
אח - אלהי"ם חיים
אחבא - אחור באחור
אחבי - אחינו בני ישראל
אחז - אחר זה
אחז - אחר זמן
אחזר - אחר זה ראיתי
אחך - אחר כך
אחכ - אחר כך
אחל - אחר חצות לילה

אחף - אזן חוטם פה
אחפ - אזן חוטם פה
אי - אור יקר
אי - אינו יהודי
אי - ארץ ישראל
איה - אברהם יצחק הכהן (הרב קוק)
איה - אם יעזור השם
איה - אם ירצה השם
איה - אמר יהודה הלוי
איהשר - אמן יהיה שמא רבא
איש - אדוני יתברך שמו
אישר - אמן יהיה שמא רבא
אכ - אם כן
אכיר - אמן כן יהי רצון
אכמ - אין כאן מקומו
אכמל - אין כאן מקום להאריך
אל - אמר לו
אל - אמר ליה (אמר לו) ארמית
אלה - אי לאו הכי (אם לא כן) ארמית
אלי - אמת ליעקב (רבי יעקב שאלתיאל)
אלכ - אם לא כן
אלתה - אי לא תימא הכי
אמ - אבינו מלכנו
אמ - אספקלריא מאירה
אמה - אמר המגיה
אמה - אמר המגיה
אמז - אמר משה זכותא (רבי משה זכות)
אמל - אמר לו
אמל - אמר ליה
אמל - אמת ליעקב (ספר)
אמלי - אין מה להאריך יותר
אמן עדן - אבי מורי נשמתו עדן
אמרזל - אמרו רבותינו זכרונם לברכה
אמש - אויר מים אש
אנ - או נאמר
אנ - אי נמי (או גם) ארמית
אנ - אם נאמר
אנהנ - אין הכי נמי
אניוק - אחרי נשיקת ידי ורגלי קודשו
אנך - אורות נצוצות כלים
אנסו - אמן נצח סלה ועד

אס - אין סוף
אסבה - אין סוף ברוך הוא
אע - אבא עילאה
אע - אדון עולם
אע - אהבת עולם
אע - אור עליון
אע - אימא עילאה
אע - איסור עריות
אע - את עצמו
אע - את עצמם
אעג - אף על גב
אעד - אף על דא (אף על זה) ארמית
אעה - אבינו עליו השלום
אעיכ - איך על ידי כך
אעפ - אף על פי
אעפי -אף על פי
אעפכ - אף על פי כן
אפה - אף הכא
אפה - אפילו הכי
אפיה - אפילו הכי
אפל - אפשר להשיב
אפל - אפשר לומר
אפל - אפשר לתרץ
אפשל - אפשר להשיב
אפשל - אפשר לומר
אפשל - אפשר לתרץ
אצ - אין צריך
אצל - אין צריך לומר
אק - אדם קדמון
אר - אדרא רבה
אר - אמר רבי
ארגמן - אוריאל רפאל גבריאל מיכאל נוראל
ארחבא - אמר רבי חנינא בן אסי
ארי - אשכנזי רבי יצחק
ארמע - אש רוח מים עפר
ארץ - ארם צובא
ארש - א"ל רחום שמך
ארש - אמר רבי שמעון (רשב"י)
אש - א"ל שד"י
אש - אלהנ"ו שבשמים
אש - אם שגתי

אש - אמר שם
אשהב - אשמורת הבוקר
אשל - אדום שחור לבן
אשל - איפה שלמה (פרוש השד"ה על אוצרות חיים)
אשע - אלופו של עולם
את - אם תאמר
את - אם תגיד
את - אם תקשה
אתי - אל יעזבינו יום
אתל - אם תרצה לומר
אתמ - איתי תלין משוגתי
אתמ - אל תשליכנו מלפניך

-ב-

בא - באר אברהם
בא - בן אדם
בא - בני אדם
בא - בני אהרון (ספר)
באוהמ - באור המקיף
באוהפ - באור הפנימי
באופא - באופן אחר
באוצח - באוצרות חיים
באז - באדרא זוטא
באי - באר יצחק
באיאמה - ברוך אתה ה' אלהינ"ו מלך העולם
באר - באדרא רבה
בב - במהרה בימינו
בב - בני ביתו
בבא - במהרה בימינו אמן
בבד - בבית דין
בבי - בבית יוסף
בבי - במהרה בימינו
בבכ - בא באי כוחו
בבנא - בבני אדם
בבת – בלתי בעל תכלית
בג - שתי גבורות
בגד - בגין דא (לכך) ארמית
בגה - בינה גבורה תפארת
בגכ - בגין כך (בגלל ש) ארמית
בגמ - בגמרא מסכת

בד - בינה דעת
בד - בית דין
בד - בן דוד
בד - בן דוסא
בד - בן דורסאי
בדא - במה דברים אמורים
בדה - בדבור המתחיל
בדה - ברוך דין האמת
בדה - ברוך דין האמת
בדוהמ - בדור המדבר
בדור - בדחילו ורחימו
בדז - בדבר זה
בדמה - בדבור המתחיל
בדת - בארבעה תחתונות
בה - בית הלל
בה - בעזרת השם
בה - בעל הבית
בה - ברוך הוא
בהא - בית הלל אומרים
בהובש - ברוך הוא וברוך שמו
בהח - בית החיים
בהכ - בית הכנסת
בהכ - בית הכסא
בהמ - בית המדרש
בהמז - ברכת המזון
בהנו - בעזרת השם נעשה ונגמור
בהנו - בעזרת השם נעשה ונצליח
בהק - בית הקברות
בו - בשר ודם
בוד - בשר ודם
בוה - ברכה והצלחה
בז - בן זומא
בזהז - בזמן הזה
בזהל - בזה הלשון
בזובז - בזה ובזה
בזוג - בן זוג
בזוג - בת זוג
בזוגר - בזווג ראשון
בזוגש - בזווג שני
בזמ - בשבע מלכים
בח - בית חדש (פירוש על הטור)

68

בח - בעלי חיים

בח - בקור חולים

בח - שני חלקים

בח - שני חסדים

בחי' - בחינה, בחינות

בי - בית יוסף

ביהש - בין השמשות

ביו - בפרק ט"ו

ביוב - ביום שני

בילאו - ברוך ה' לעולם אמן ואמן

בילאוא - ברוך ה' לעולם אמן ואמן

ביע - בריאה יצירה עשיה

ביצמ - ביציאת מצרים

בכ - בגין כך (בגלל זה) ארמית

בכ - ברכת כהנים

בכא - בכל אחד

בכאוא - בכל אחד ואחד

בכהע - בכתר העליון

בכז - בכל זאת

בכז - בכל זמן

בכח - בכתר חכמה

בכמ - בכל מקום

בכמ - בכמה מקומות

בכע - בכל עולם

בכע - בכתר עליון

בכר - כלי ראשון

בכש - בכלי שני

בלאה - בלאו הכי

בלאהנ - בלו הכי נמי

בלאוה - בלאו הכי

בלהק - בלשון הקודש

בלז - בלשון זה

בלט - בליל טבילה

בלי - בית לחם יהודה (רבי יהודה פתיה)

בלנ - בלי נדר

בלר - באר לחי רואי

בלש - בליל שבת

במ - בכמה מקומות

במ - בר מנין

במא - במקום אחד

במא - במקום אחר

במב - בורא מיני בשמים
במדהי - במדינת הים
במדומ - במחשבה דבור ומעשה
במומ - במשא ומתן
במל - במלכות
בממ - בורא מני מזונות
בממנ - בממה נפשך
במס' - במסכת
במקא - במקום אחר
במש - במה שכתוב
בנ - בר נש (בן אדם) ארמית
בן - שם ב"ן (יוד הה וו הה)
בנא - בנוסחה אחרת
בנא - בני אדם
בנא - בנפילת אפים
בנד - בנידון דידן
בנהש - בנהר שלום
בנוה - בנצח והוד
בני - בני ישראל
בנמ - בנדפס מחדש
בנפא - בנפילת אפים
בנקח - בנקיטת חפץ
בנר - בורא נפשות רבות
בס' - בספר
בס - ב' ספירות
בס - בו סכנה
בס - שתי סברות
בסד - בסוף דבר
בסד - בסיעתא דשמיא
בסד - בספרא דצניעותא
בסדה - בסוף דיבור המתחיל
בסהז - בספר הזהר
בסהל - בספר הלקוטים
בסוד - בסוף דרוש
בסוהד - בסוף הדרוש
בספהט - בספרו הטהור
בע - בכל עת
בע - בן עזאי
בעב - בורא עצי בשמים
בעב - בורא עשבי בשמים
בעד - בעל דבר (הסיטרא אחרא)

בעד - בעל דין
בעה - בעזרת השם
בעה - בעל הבית
בעהב - בעל הבית
בעהז - בעולם הזה
בעהק - בעיר הקודש
בעהש - בעזרת השם
בעהש - בעלות השחר
בעוה - בעונותנו הרבים
בעוהר - בעוונותינו הרבים
בעז - בעולם זה
בעזה - בעזרת השם
בעח - בעל חוב
בעכ - בעל כורחם
בעפ - בערב פסח
בעש - בערב שבת
בפ - שתי פעמים
בפ - שתי פרצופים
בפהג - בורא פרי הגפן
בפז - בפרק זה
בפי - בן פורת יוסף
בפע - ב' פרקין עילאין
בפע - בפני עצמה
בפע - בפני עצמו
בפע - בפני עצמם
בק - בת קול
בקגוש - בקנין גמור ושלם
בקגוש - בקנין גמור ושריר
בקוח - בקור חולים
בקור - בקול רם
בקר - בקול רם
ברה - בראש השנה
ברהש - ברכות השחר
ברוד - ברחימו ודחילו
ברכי - ברכי יוסף (החיד"א)
בש - ב' שלישים
בש - בית שמאי
בש - ברוך שאמר
בש - ברוך שמו
בש - בת שבע
בשא - בשמאי אומרים

בשג - בשולי גויים
בשהט - בשלחנו הטהור
בשכמלו - ברוך שם כבוד מלכותו לעולם ועד
בשפ - בשווה פרוטה
בשש - בשים שלום
בת – בעל תכלית
בתז - בתוך זה
בתחה - בתחית המתים
בתחהמ - בתחיית המתים

-ג

גא - ג' אמצעיות
גור - גשמיות ורוחניות
גז - גם זה
גזד - גזר דין
גזס - גם זה סוד
גזש - גזרה שווה
גח - ג חלקים
גח - גמילות חסדים
גי' - גירסה
גימ' - גימטריה
גכ - גם כן
גס - שלוש ספירות
גע - גילוי עריות
גע - גן עדן
געומ - גידין עצמות ומוח שבעצמות
גפ - שלושה פרצופים
גר - ג' ראשונות
גש - ג' שלישים
גש - גזירה שוה
גת - ג' תחתונות

-ד

דא - ארבע אמות
דא - דבר אחר
דא - דרך ארץ
דאבי - דאצילות בריאה יצירה
דאדק - דאדם קדמון
דאהנ - דאין הכי נמי

דאח - דברי אלהי"ם חיים
דאלכ - דאם לא כן
דאלתה - דאי לא תימא הכי
דב - די בזה
דבק - דברי קודשו
דבש - דברי שלום
דה - דבור המתחיל
דהולל - דהוה לה לומר (ארמית) היה לו לומר
דהעה - דוד המלך עליו השלום
דוהמ - דוד המלך
דוהמ - דור המדבר
דומ - דיבור ומחשבה
דומ - דיבור ומעשה
דונ - דוכרא ונוקבא
דור - דהילו ורחימו
דז - דבר זה
דז - דין זה
דז - דרך זה
דח - ד' חלקים
דחג - דעת חסד גבורה
דיל - דיש לומר
דכון - דוכרא ונוקבא
דכונ - דוכרא ונוקבא
דכצל - דכך צריך לגרוס
דל - די למבין
דלל - דלית לה
דלקמ - דלא קשיא מדי (אין כאן קושיה) ארמית
דמ - דרך משל
דמבד - ד' מיתות בית דין
דמכש - דמכל שכן
דמש - דמה שכתב
דס - ארבע ספירות
דסל - דסבירא ליה (שסבור הוא) ארמית
דפ - ארבע פרצופים
דפ - ארבעה פעמים
דפ - ארבעה פרשיות
דפוי - דפוס ישן
דפחח - דברי פי חכם חן
דצחמ - דומם צומח חי מדבר
דקאל - דקאמר ליה (שאמר לו) ארמית
דקק - דקצת קשה

דרה - דרכי האמורי
דרזל - דרשו רבותינו זכרונם לברכה
דרמ - דרבי מאיר
דרנ - דרוח נפש
דת - ד' תחתונות
דת - דין תורה
דתהר - דתהומא רבא
דתי - דעת תפארת יסוד
דתים - דעת תפארת יסוד מלכות
דתכבת - דתלת כלילין בתלת
ה' - הוי"ה

-ה

הא - הוי"ה אלהינ"ו
האאסבה - הארת אור אין סוף ברוך הוא
האומ - האור מקיף
האומ - הארץ ומלואה
האופ - האור פנימי
האסבה - הארת אין סוף ברוך הוא
הארש - הרב אדוננו רבי שלום
הבבת – הבלתי בעל תכלית
הבי - הבית יוסף
הג - ה' גבורות
הגובי - הגהות וביאורים
הגרא - הגאון רבינו אליהו (מוילנא)
הגריח - הגאון רבינו יוסף חיים
הד - הדא דכתיב (זהו שכתוב) ארמית
הד - היכי דמי (אין זה דומה) ארמית
הד - הינו דאמרי (זהו שאומרים) ארמית
הדמ - הדרת מלך
הה - הא"ל הגדול
הה - הדא הוא
הה - הוא הדבר
הה - הוא הדין
הה - היינו הך
הה - הלא הוא
הה - הלא המה
הה - העולם הבא
הה - הר הבית
הה - הרב הגדול

הה - הרי הוא
ההא - הוא היה אומר
ההד - הדא הוא דכתיב (זה שכתוב) ארמית
הההה - הוא הודה הוא הדרה
ההיב - השם הטוב יכפר בעדי
ההיב - השם התברך יכפר בעדי
ההל - היה לו לומר
הויה - יהו"ה
הול - הוה ליה
הולל - היה לו לומר
הוס - הוא סוד
הור - הושענה רבא
הז - הוא זה
הז - הרי זה
הח - ה חלקים
הח - ה חסדים
החומ - החתום מטה
החידא - הרב חיים יוסף דוד אזולי
החמ - החתום מטה
הט' - הטעם
הט - הוא טעם
הטוהמ - הטוב והמטיב
הי - הוד יסוד
הי - השם ישמור
הי - השם יתברך
הימ - הוד יסוד מלכות
הימל - הוא ישלח מלאכו לפניך (שם קדוש)
היס - העשר ספירות
היסב - היד סולדת בו
היע - המקום ירחם עלינו
היעבא - המקום ירחם עלינו במהרה אמן
הירא - רבי ידידיה אבו-אלעאפיה
הית - השם יתברך
הכע - הכתר עליון
הל - הוה ליה (מה היה) ארמית
הל - היה לו
הל - הנזכר למעלה
הל - הרי לך
הלל - היה לו לומר
הללמ - הלכה למשה מסיני
הלמ - הלחם משנה

הלמ - הלכה למעשה
הלמ - הלכה למשה מסיני
המ - הדור מצוה
המ - הדרת מלך (ספר)
המ - הכי משמע (כך נשמע) ארמית
המ - חמש מקיפין
המ - חמשה מוצאות
המ - חמשה מקיפים
המדא - היינו מאי דאמר
המהריט - הרב מורנו רבי יום טוב אלגאזי
המהרשא - המורנו הרבה רבי שמואל אידלש
המקח - המקום חיצוני
המקפ - המקום פנימי
הנ - הכא נמי (אותו דבר) ארמית
הנדמ - הנדפס מחדש
הנוה - הנצח והוד
הנז' - הנזכר
הנזל - הנזכר להלן
הנזל - הנזכר להעיל
הנזל - הנזכר למעלה
הנל - הנזכר לעיל
הנמ - הנדפס מחדש
הנמ - הנפקא מינה (היוצא מזה) ארמית
הס - הוא סוד
הס - הר סיני
הס - חמש ספירות
הע - חמש עולמות
הער - הערב רב
הפ - חמש פנימיים
הפ - חמש פעמים
הפ - חמשה פרצופים
הצג - הוא צדיק גמור
הק - ה' קצוות
הקבה - הקדוש ברוך הוא
הקק - היכל קודש קודשים
הראבד - רבי אברהם בן דוד
הראש - הרב רפאל אברהם שרעבי (נכד הרשש)
הרג הלוי - הרב גדליה הלוי
הרדא - הרב דוד אבודרהם
הרדבז - רבי דוד בן זמרא
הרדפ - הרב רבי דוד פרדו

הרומ - הרוגי מלכות
הרז - הרי זה
הריץ - הרב יעקב צמח
הרמדל - רבי מנחם די לונזנו
הרמדל - רבי משה די לאון
הרמהח - הרב מסעוד הכהן חדד (שמחת כהן)
הרמפ - הרב רבי מאיר פאפרוש כץ
הרנש - הרב נתן שפירא
הרפיש - הרב יפה שעה
הרשו - הרב רבי שמואל ויטאל
השבח - הרב שלמה בן חיים חיקיל (בעל הלש"ם)
השדה - הרב שאול דויק הכהן (איפה שלמה)
השוהא - השמים והארץ
השית - השם יתברך
השמש - הרב שלום מזרחי שרעבי (הרש"ש)
השע - השליש עליון
השק - השש קצוות

-ו-

ואהנ - ואין הכי נמי (והן כך הוא) ארמית
ואחז- ואחר זמן
ואחז - ואחרי זה
ואחכ - ואחר כך
ואכ - ואם כן
ואכמל - ואין כאן מקום להאריך
ואנהנ - ואין הכי נמי
ואעפ - ואף על פי
ואעפכ - ואף על פי כן
ואפיה - ואפילו הכי
ואפל - ואפשר להשיב
ואפל - ואפשר לומר
ואפל - ואפשר לתרץ
ואפשל - ואפשר להשיב
ואפשל - ואפשר לומר
ואפשל - ואפשר לתרץ
ואש - ואלהינ"ו שבשמים
ואש - ואם שגיתי
ואשאת - ואם שגיתי איתי תלין
ואשאתמ - ואם שגיתי איתי תלין משוגתי
ואת - ואל תעשה

ואת - ואם תאמר

ואתל - ואם תרצה לומר

ובגד - ובגין דא (ולכך) ארמית

ובדמה - ובדבור המתחיל

ובה - וביאור המילה

ובהנמח - ובהנדפס מחדש

ובכא - ובכל אחד

ובכמ - ובכל מקום

ובמש - ובמה שבארנו

ובסד - ובסוף דבר

ובסהק - ובספר הקדוש

ובסהק - ובספרי הקטן

ובסוד - ובסוף דבר

ובש - וברוך שמו

וג - שש גדולים

וגז - וגם זה

וגע - וגן עדן

ודוק - ודייק ותמצא קל

ודל - ודי למבין

ודמ - ודרך משל

והה - והוא הדין

וההיב - והשם הטוב יכפר בעדי

וההיב - והשם התברך יכפר בעדי

וההל - והיה לו לומר

והט - והוא טעם

והיעא - והשם יאיר עינינו אמן

והיעבא - והשם יאיר עינינו בתורתו אמן

והלל - והיה לו לומר

והמי - והמבין יבין

והמי - והמשכיל יבין

והס - והוא סוד

והרז - והרי זה

וזא - וזה אמר

וזבז - וזה בזה

וזהש - וזה הוא שכתוב

וזל - וזה לשונו

וזמשה - וזה מה שאמר הכתוב

וזס - וזה סידרן

וזעגז - וזה על גבי זה

וזשארזל - וזה שאמרו רבותינו זכרונם לברכה

וזשה - וזה שאמר הכתוב

וחא - וחד אמר
ויל - ויש לומר
וימ - ויניקה מוחין
וכה - וכך הוא
וכהא - וכן הכתוב אומר
וכהג - וכהאי גונא (באופן זה, בדרך זה) ארמית
וכז - וכל זה
וכמ - וכך מובן
וכמ - וכן מובן
וכמוכ - וכמו כן
וכמשה - וכמו שאמר הכתוב
וכמשזל - וכמו שאמרו זכרונם לברכה
וכנ - וכן נזכר
וכנ - וכן נראה
וכעדז - וכן על דרך זה
וכעזהד - וכן כל זה הדרך
וכפ - וכך פסק
וכש - וכל שכן
ולד - ולעניות דעתי
ולזא - ולזה אמר
ולעדן - ולעניות דעתי נראה
ולענדן - ולעניות דעתי נראה
ולעתל - ולעתיד לבוא
ולפיז - ולפי זה
ולפמש - ולפי מה שכתב
ולשיקבהוש - ולשם יחוד קודשא בריך הוא ושכינתיה
ומכמ - ומכמה מקומות
ומכש - ומכל שכן
ומכשכ - ומכל שכן
וממא - ומכל מקום אחר
ומס - ומר סבר
ומעט - ומעשים טובים
ומשוה - ומשום הכי (ומסיבה זאת) ארמית
ונ - שש נקודות
וס - שש ספירות
ועז - ועל זה
ועזא - ועל זה אמר
ועזאבה - ועל זה אמר בעל התמונה
ועזנ - ועל זה נאמר
ועיכ - ועל ידי כך
ועיל - ועוד יש לדקדק

79

ועיל - ועוד יש להקשות

ועיל - ועוד יש לומר

ועיע - ועיין עוד

ועכ - ועל כן

ועל - ועיין לעיל

ועש - ועיין שם

ופא - ופעם אחת

ופו - ו' פעמים ו' (שש כפול שש)

וצי - וצריך ישוב

וק' - וקשה

וק - ו' קצוות

וק - וקשה

וקו - וקל וחומר

וקל - וקל להבין

וקק - וקשה קצת

וש - ששה שלישים

ושור - ושוב ראיתי

ושכמה - ושכרו כפול מן השמים

ות - שש תחתונות

-ז-

זא - זאת אומרת

זא - זה אמר

זא - זעיר אנפין

זאז - זה אחר זה

זאז - זה את זה

זב - שבע ברכות

זבז - זה בזה

זבתז - זה בתוך זה

זג - זמן גרמא

זה - זה הדין

זהל - זה הלשון

זהמ - שבע המלכים

זוגר - זווג ראשון

זוגש - זווג שני

זוהק - זהר הקדוש

זוח - זהר חדש

זונ - זכר ונקבה

זונ - זעיר אנפין ונוקבא

זח - זהר חדש

זח - שבעה חדשים

זטה - שבעה טובי העיר

זיע - זכותו יגן עלינו

זיעא - זכותו יגן עלינו אמן

זכונ - זכר ונקבה

זל - זה לשונו

זל - זכרונו לברכה

זל - זרע לבטלה

זלהה - זכרונו לחיי העולם הבא

זלז - זה לזה

זלמ - זה למטה מזה

זלמ - זה למעלה מזה

זלמז - זו למטה מזו

זמ - שבעה מלכין

זמז - זה מזה

זמל - שבעה מלכים

זמש - זה מה שכתוב

זמש - זהו מה שאמר

זמשה - זה מה שאמר הכתוב

זנ - שבע נקודות

זס - ז' ספירות

זס - זה סוד

זס - זה סידרן

זעגז - זה על גבי זה

זעז - זה על זה

זצל - זכרון צדיק לברכה

זק - ז' קצוות

זש - זה שאמר

זש - זה שכתוב

זשארזל - זה שאמרו רבותינו זכרונם לברכה

זשה - זה שאמר הכתוב

זת - שבע תחתונות

זת - שבעה תיקוני

זתג - שבעה תיקוני גולגולתא

זתז - זה תוך זה

ח-

חא - חד אמר

חא - חלק א

חב - חלק ב

81

חבד - חכמה בינה דעת
חבהק - חיבוט הקבר
חבח - חותם בתוך חותם
חבח - חסד בתוך חסד
חבחג - חכמה בינה חסד גבורה
חבית - חלב בשר יין תכלת (לחותם בתוך חותם)
חבית - חלב בשר יצהר תרוש (לחותם בתוך חותם)
חבתו - חברון תבנה ותתקומם
חבתם - חכמה בינה תפארת מלכות
חג - חלק ג
חג - חמשה גבורות
חג - חסד גבורה
חגבי - חלב גבינה ביצה יין
חגת - חסד גבורה תפארת
חגתי - חסד, גבורה, תפארת, יסוד
חדב - חכמה דעת בינה
חדג - חסד דעת גבורה
חדר - חסד דין רחמים
חה - חול המועד
חו - חס וחלילה
חוב - חכמה ובינה
חוג - חסדים וגבורות
חוהמ - חול המועד
חוח - חן וחסד
חומ -חתום מטה
חונצ - חסד ונצח
חוף - חוטם פה
חופ - חוטם פה
חופ - חצוני ופנימי
חור - חכמי ורבני
חזל - חכמינו זכרונם לברכה
חח - חמשה חסדים
חחן - חכמה חסד נצח
חי - חמדת ימים
חי - חמדת ישראל (ספר לרבי שמואל ויטאל)
חיה - חיבוט הקבר
חכוב - חכמה כתר ובינה
חל - חוץ לארץ
חל - חצות לילה
חליש - חיים לכל ישראל שבק
חמ - חכמה מלכות

חמ - חתום מטה
חמוע - חנניה מישאל ועזריה
חמי - חמדת ימים (ספר)
חמפג - חילתית מורייס פת גבינה
חס - חזקת סכנה
חס - חכמה סתימאה
חס - חשש סכנה
חס - שמונה ספירות
חסד - חסדי דוד (רבי דוד מגר)
חע - חכמה עילאה
חעד - חבל על דאבדין
חפ - חוטם פה
חק - חסידא קדישא
חקל - חיים לכל חי (ספר)
חר - חכם רבי
חשבס - חולה שיש בו סכנה
חשו - חירש שוטה וקטן
חשמ - חול של מועד

-ט-

ט - טעם
טא - טעם אחר
טב - תשעה באב
טג - טלית גדול
טוד - טעם ודעת
טור - טוב ורע
טות - טלית ותפילין
טז - טורי זהב (פירוש לשולחן ערוך)
טח - תשעה חודשים
טט - מטטרו"ן (מלאך)
טנ - תשעה נקודות
טנתא - טעמים נקודות תגין אותיות
טס - תשע ספירות
טפ - תשעה פירקין
טק - טלית קטן
טק - טעות קולמוס
טר - ט (תשע) ראשונות
טת - ט (תשע) תחתונות

י-

יאוא - הוי"ה אלהינ"ו ואלוה"י

יאואא - הוי"ה אלהינ"ו ואלוה"י אבותנו

יב - יודעי בינה

יבח - י"ב חודשים

יבי - עשר בעשר

יג - יש גורסים

יגתד - יג תיקוני דיקנא

יד - יורה דעה

ידח - ידי חובה

יהרמ - יהי רצון מלפניך

יוהך - יום הכיפורים

יוהכ - יום הכפורים

יוח -יודעי חן

יוט - יום טוב

יומ - יניקה ומוחין

יוסד - יוסף דעת

יוצאיח - יוצאי חלציו

יושה - יסוד ושורש העבודה (רבי אלכסנדר זיסקינד)

יח - ידי חובה

יחנרן - יחידה חיה נשמה רוח נפש

יחנרנ - יחידה חיה נשמה רוח נפש

יט - עשר טפחים

יטס - י"ט ספירות

יידח - יוצא ידי חובה

ייהר - יין הרקח

יל - יכול להיות

יל - יש לדקדק

יל - יש להבין

יל - יש לומר

יל - יש לתרץ

ילפ - יש לפרש

ילקוש - ילקוט שמעוני

ימ - יניקה מוחין

ימ - יסוד מלכות

ימב - ימי בראשית

ינ - עשר נקודות

יס - ים סוף

יס - עשר ספירות

יסב - יד סולדת בו

יסות - ישראל סבא ותבונה

יע - עשרה עגולים

יעא - יגן עליה אלהי"ם

יעא - יגן עלינו אמן

יעא - יכוננה עליון אמן

יעא - יעקב אבינו

יעאעה - יעקב אבינו עליו השלום

יעבא - יאיר עינינו בתורתו אמן

יעועכיא - יגן עלינו ועל כל ישראל אמן

יעוש - יעוין שם

יעושב - יעוין שם בדברו

יעקור - יעקב ורחל

יעש - יעוין שם

יעשב - יעוין שם בבאורו

יפי - י' פעמים י' (עשר פעמים עשר)

יפש - יפה שעה (פרוש רבי שלמה הכהן על ע"ח)

יפת - יפת תואר

יצ - יעקב צמח

יצאעה - יצחק אבינו עליו השלום

יצהט - יצר הטוב

יצהר - יצר הרע

יצו - ישמרהו צורו ויחיהו

יצמ - יציאת מצרים

יקנהז - יין קדוש נר הבדלה זמן

ירה - ירום הודו

ירה - ירחם השם

ירושתו - ירושלים תבנה ותכונן

ירע - יראה עילאה

ירת - יראה תתאה

ישסות - ישראל סבא ותבונה

ישרמ - יהיה שמיא רבא מבורך

יתבל - יתבאר לעתיד

יתש - יתברך שמו

-כ

כא' - כאחד

כא - כי אם

כא - כל אחד

כבב - כל בני ביתו

כג - כהן גדול

כדא - כדאמרינן
כדא - כמה דאתאמר
כדמוי - כדת משה וישראל
כדתים - כתר דעת תפארת יסוד מלכות
כה - כך הוא
כהג - כהאי גונא
כהג - כהן גדול
כהח - כף החיים
כהנ - כל הנצרך
כהנ - כן היא נוסחת
כהנ - כן הנוסח
כומ - כוכבים ומזלות
כז - כל זה
כח - כתר חכמה
כחב - כתר חכמה בינה
כחבד - כתר חכמה בינה דעת
כי - כנסת ישראל
כי - כתב יד
כיק - כתב יד קודשו
כיר - כן יהי רצון
כירא - כן יהי רצון אמן
ככ - כך כתב
ככ - כל כך
כלמ - כלפי מעלה
כלצמא - כלי לבוש צלם מוחין אור
כמ - כך מובן
כמ - כל מקום
כמ - כן מובן
כמ - כסא מלך
כמבא - כי מימיני בל אמוט
כמדא - כמא דאתאמר (כמו שנאמר) ארמית
כמהרר - כבוד מעלת הרב רבי
כמוכ - כמו כן
כמרזל - כמאמר רבתינו זכרונם לברכה
כמש - כמו שכתבנו
כמש - כמו שכתוב
כמש - כמו שנכתוב
כמשהכ - כמו שאמר הכתוב
כמשזל - כמו שאמרו זכרונם לברכה
כמשית - כמו שיתבאר
כמשל - כמו שכתוב לעיל

כמשל - כמו שכתוב לקמן

כמשל - כמו שמבואר להלן

כמשל - כמו שמבואר לעיל

כמשל - כמו שמבואר לקמן

כנ - כן נראה

כנזל - כנזכר להעיל

כנל - כנזכר לעיל

כסהכ - כסא הכבוד

כע - כח עליון

כע - כל עולם

כע - כתר עליון

כעדז - כך על דרך זה

כעז - כתוב על זה

כעזהד - כן כל זה הדרך

כפ - כך פסק

כפ - כתם פז

כפז - כפי זה

כץ - כהן צדק

כצל - כך צריך לומר

כקיס - כקריעת ים סוף

כר - כלי ראשון

כש - כל שכן

כש - כלי שני

כש - כרם שלמה (רבי סולמאן אליהו)

כשארזל - כמו שאמרו רבותינו זכרונם לברכה

כת - כבוד תורתו

כתים - כתר תפארת יסוד מלכות

כתק - כתנא קמה (כמו התנא הראשון) ארמית

כתר - כבוד תורתו

-ל

לא - לשון אחר

לב - לישב בסוכה

לבע - לבית עולמו

לבעד - לבעל דין

לבת לבן תורה

לג - לא גורסים

לג - לא גרסין

לד - לאו דווקא

לדפ - לארבע פרצופים

87

לה - לבנת הספיר
להדמ - לא היו דברים מעולם
להק - לשון הקודש
להר - לשון הרע
להרר - להרב רבי
לו' - לומר
לזא - לזה אמר
לי - שלושים יום
לידח - לידי חובה
ליח - לצאת ידי חובה
ליידח - לא יוצא ידי חובה
לכא - לכל אחד
לכי - לכנסת ישראל
לכל- לכל עלמא
לל - לית ליה (אין לה) ארמית
למד - למאן דאמר (למי שאמר) ארמית
למהד - למאן דאמר (למי שאמר) ארמית
לעד - לעניות דעתי
לעדן - לעניות דעתי נראה
לעולוע - לעולם ועד
לעולע - לעולמי עולמים
לעיתש - לעבודתו יתברך שמו
לעכומז - לעובדי כוכבים ומזלות
לעל - לעתיד לבוא
לענדן - לעניות דעתי נראה
לענדנ - לעניות דעתי נראה
לעע - לעולמי עד
לעע - לעולמי עולמים
לעע - לעת ערב
לעע - לעת עתה
לעש - לערב שבת
לעתיש - לעשרת ימי תשובה
לעתל - לעתיד לבוא
לפה - לחמש פרצופים
לפז - לפי זה
לפיז - לפי זה
לפמש - לפי מה שכתב
לקמ - לא קשיא מדי (אין כאן קושיה) ארמית
לקפ - לקבל פרס
לרור - לרוח רעה
לש - לא שנא (אין הבדל) ארמית

לש - ליל שבת
לשהר - לשון הרע
לשות - לשם ותהילה
לשיקבהוש - לשם יחוד קודשא בריך הוא ושכינתיה
לשש - לשם שמים
לת - לא תעשה
לת - לפי תומו

מ-

מא - מים אחרונים
מא - מים אמצעיים
מא - מקום אחר
מאמצ - מארץ מצרים
מאמר - מאמרי רשב"י
מאמרזל - מאמר רבותינו זכרונם לברכה
מב - מ"ה ב"ן
מב - מהדורה בתרא
מב - מעשה בראשית
מב - שם מב (שם של מ"ב אותיות)
מבד - מאכל בן דורסאי
מבד - משיח בן דוד
מבוש - מבוא שערים
מבי - מבעוד יום
מבעי - מבעוד יום
מבפע - מב' פרקין עילאין
מגא - מגן אברהם
מד - מיין דוכרין
מד - מן דאמר
מדבק - מדברי קודשו
מדה - מדבור המתחיל
מדהד - מידת הדין
מדהי - מדינת הים
מדומ - מחשבה דבור ומעשה
מדומן - מ"ד ומ"ן
מדומנ - מדוכרא ונוקבא
מדז - מדבר זה
מדק - מדברי קודשו
מה - מלאך המות
מה - מלאכי השרת
מה - שם מ"ה (יוד הא ואו הא)

מהמ - מלאך המות

מהמ - מלכי המלכים

מהרחו - מורנו הרב רבי חיים ויטאל

מהריץ - מורינו הרב יעקב צמח

מהרנש - מורנו הרב רבי נתן שפירא

מהרשו - מורינו הרב שמואל ויטאל (הבן של רבי חיים ויטאל)

מהרשך - מורינו הרב שאול דוויק (השד"ה) בעל איפה שלמה

מהרשך - מורינו הרב שלמה הכהן בעל יפה שעה

מהש - מלאכי השרת

מוהר - מורי הרב

מוהרחו - מורנו הרב חיים ויטאל

מוהריא - מורינו הרב יוסף אזולי

מוהריט - מורנו הרב רבי יום טוב (אלגאזי)

מוהרם - מורנו הרב מאיר

מוהרשו - מורנו הרב שמואל ויטאל

מוהרשש - מורינו הרב שלום שרעבי (הרש"ש)

מוזל - מורי ז"ל

מולמ - מטי ולא מטי

מומ - משא ומתן

מוס - מוחא סתימאה (מוח סתום שהוא חכמה דא"א) ארמית

מופ - מקיף ופנימי

מוצש - מוצאי שבת

מוק - מועד קטן (מסכת)

מוש - מוצאי שבת

מזל - מוציא זרע לבטלה

מזלן - משה זכות לי נראה

מח - משנת חסידים (רבי עמנואל חי רקי)

מחהש - מחצית השקל

מחק - מקום חיצוני

מט - מאי טעמא (מה הטעם) ארמית

מט - מה הטעם

מטומ - מטי ולא מטי

מטשב - מ"ט שערי בינה

מכ - מצאתי כתוב

מכמ - מכל מקום

מכמ - מכמה מקומות

מכע - מכח עליון

מכע - מכתר עליון

מכש - מכל שכן

מכשכ - מכל שכן

מל - מלכות

מל - מתוק לנפש
מלאד – מלכי אדום
מלת - מצות לא תעשה
ממ - מאי משמע
ממ - מכל מקום
ממ - מעשה מרכבה
ממ - מפני מה
ממ - מקרא מפורש
ממ - מראה מקום
ממא - מכל מקום אחר
ממא - ממקום אחר
ממדומ - ממחשבה דיבור ומעשה
ממה - מלך מלכי המלכים
ממהמ - מלך מלכי המלכים
ממוזל - ממורי ז"ל
ממנ - ממה נפשך
ממש - ממה שכתוב
מנ- מאי ניהו
מן - מיין נוקבין
מניר - מעלתו נירו יאיר
מניר - מר ניהו רבה
מניר - מרן נירו יאיר
מס - מר סבר
מסכי - מספר כתב יד
מסנ - מסירות נפש
מע - מצות עשה
מעב - מעשה בראשית
מעט - מעשים טובים
מעכת - מעלת כבוד תורתו
מעכת - מעלת כבוד תורתם
מעלד - מאבד עצמו לדעת
מעלע - מעת לעת
מעע - מעשר עני
מער - מעשר ראשון
מעש - מערב שבת
מעש - מעשר שני
מצש - מצת שמורים (ספר)
מק - מהדורה קמא
מק - מצאתי קושיה
מקב - מקום בינה לרבי יצחק צבע
מקוב - מקום בינה (ספר) למקובל יצחק צבע

מקמ - מקדש מלך
מקפ - מקום פנימי
מר - מדרש רבה
מר - מים ראשונים
מרעה - משה רבינו עליו השלום
מש - מאי שנא
מש - מבוא שערים
מש - מה שיבואר
מש - מה שכתב
מש - מה שכתוב
מש - מה שמבואר
מש - מה שמצאתי
מש - מה שנאמר
מש - מה שנכתב
משאכ - מה שאין כן
משאכ - מה שאמרו כאן
משה - מה שאמר הכתוב
משה - מה שנא התם
משהכ - מה שאין כן
משוה - משום הכי (מסיבה זאת) ארמית
משזל - מה שאמרו זכרונם לברכה
משזל - מוציא שכבת זרע לבטלה
משכ - מה שכתוב
משכז - משכב זכר
משכן - מטה שולחן כסא מנורה
משל - מה שאכתוב להלן
משל - מה שאכתוב לקמן
משל - מה שהיה להוכיח
משל - מה שכתבתי להוכיח
משל - מה שכתבתי למעלה
משל - מה שכתבתי לעיל
משל - מה שנתבאר לעיל
משל - מה שרצה להוכיח
משמ - מתנת שכיב מרע
משצל - מלאכה שאינה צריכה לגופה
משק - מה שאמר קרא
משש - מה שכתב שם
משש - מה שכתבתי שם
משש - מה שכתוב שם
משש - מוסף של שבת
משש - מנחה של שבת

92

מת - מהדורה תנינא
מתתלע - מתתא לעילא

נ-

ן' - בן
נא - נוסחא אחרינא (נוסחה אחרת)
נא - נפילת אפים
נב - נכתב בצידו
נב - נראה בעיני
נדמ - נדפס מחדש
נה - נצח הוד
נהי - נצח הוד יסוד
נהים - נצח הוד יסוד מלכות
נהר - נפשו הרמה
נהר - נשיא הרבנים
נהש - נהר שלום
נוא - נדב ואביהוא
נוה - נצח והוד
נוק' - נוקבא
נור - נפש ורוח
נז' - נזכר
נחי - נשמה חיה יחידה
נטי - נטילת ידים
נטלפ - נותן טעם לפגם
ניוק - נשיקת ידי ורגלי קודשו
נכ - נפילת כפיים
נל - נכון לעשות
נל - נראה לי
נלח - נודע לידעי חן
נלח - נראה לי חיים (המרח"ו)
נלנ - נקודה לנקודה
נלעד - נראה לעניות דעתי
נלעדן - נראה לעניות דעתי נתן (רבי נתן שפירא)
נלפ - נראה לי פרושו
נלפ - נראה לי פשוט
נלפ - נראה לפרש
נמ - נדפס מחדש
נמ - נפקא מינה (יוצא מזה) ארמית
נן - נבוכדנצר
נע - נשמתו עדן

נפא - נפילת אפיים
נפוש - נפלו ונשברו
נק' - נקרא
נקבה - נערה קטנה בוגרת ה'
נקח - נקיטת חפץ
נר - נחת רוח
נר - נפש רוח
נרו - נטרה רחמנא וברכיה
נרו - נצרהו רחמנא ונטרהו
נרנ - נפש רוח נשמה
נרנח - נפש רוח נשמה חיה
נרנחי - נפש רוח נשמה חיה יחידה
נשב - נ' שערי בינה
נשי - נשמות ישראל
נשצל - נראה שצריך לגרוס
נתא - נקודות תגין אותיות
נתב' - נתבאר
נתל - נתבאר לעיל

-ס

סא - סברה אחרונה
סא - סברה אחרת
סא - סיטרא אחרא (הצד האחר) ארמית
סב - סולדת בו
סבל - ספק ברכות להחמיר
סבל - ספק ברכות להקל
סג - שם ס"ג (יוד הי ואו הי)
סד - סוף דבר
סד - סלקא דעתך (עולה על דעתך) ארמית
סד - ספרא דצניעותא
סדא - סלקא דעתך אמינא (היית חושב כי אומר) ארמית
סדה - סוף דיבור המתחיל
סדמ - סדרי משנה
סה - סך הכל
סה - ספר הזהר
סהל - ספר הלקוטים
סהת - ספר התורה
סהת - ספר התיקונים (תקוני הזוהר)
סובע - סובב כל עלמין
סוד - סוף דבר

94

סוד - סוף דעתו
סוכס - סוף כל סוף
סוס - סוף סעיף
סט - סדר טהרות
סט - סופו טוב
סט - סימן טוב
סטא - סטרא אחרא
סי' - סימן
סי - ספר יצירה
סכי - ספר כתב יד
סל - סבירא ליה (סבור הוא) ארמית
סמב - ס"ג מ"ה ב"ן
סס - סוף סוף
סס - ספק ספיקא
סעומ - סעודת מצוה
ספדצ - ספרא דצנעותא (סוף פרשת תרומה בזהר)
ספהט - ספר הטהור
ספהט - ספרו הטהור
ספי' - ספירה, ספירות
סר - ששים רבוא
סרח - ספר ראשית חכמה
סשהח - סקילה שריפה הרג חנק
סת - סופי תבות
סת - ספר תורה
סתם - ספר תורה, תפילין, מזוזה
סתר - סוף תוך ראש

-ע-

עא - עד אחד
עא - עמוד א
עא - עמודה א
עא - ענין אחר
עאכו - על אחת כמה וכמה
עאפ - על אף
עב - עמוד ב
עב - עמודה ב
עב - שם ע"ב (יוד הי ויו הי)
עבגעומ - עור בשר גידין עצמות ומוח שבעצמות
עבגעמ - עור בשר גידין עצמות מוח
עבט - עני בן טובים

עבכ - עם ב' כוללים

עג - על גב

עג - על גבי

עג - עמודה ג

עד - על דא (על זה) ארמית

עד - על דבר

עד - על דבר

עד - על דרך

עד - עמודה ד

עדג - על דרך גוזמא

עדה - על דרך הכתוב

עדה - על דרך הסוד

עדז - על דרך זה

עדמשה - על דרך מה שאמר הכתוב

עדש - על דרך שכתוב

עה - עליו השלום

עה - עם הארץ

עה - עם הכולל

עה - עמוד השחר

עה - עצם השמים

עהב - עולם הבא

עהד - עץ הדעת

עהז - עולם הזה

עהח - עץ החיים

עהכ - עם הכולל

עהפ - על הפסוק

עהש - עלות השחר

עוג - עובד גלולים

עוהב - עולם הבא

עוהז - עולם הזה

עועא - עובדי עבודת אלילים

עועג - עובד עבודת גלולים

עועג - עומד על גבו

עוש - עוד שם

עות - עולת תמיד (ספר)

עז - עבודה זרה

עז - עולם זה

עז - על זה

עז - עם זה

עזא - ועל זה אמר

עזנ - על זה נאמר

עח - עץ חיים

עטב - עטרת בעלה

עטר - עטרת ראשנו

עי - על יד

עי - עתיק יומין

עיא - עליה יגן אלהי"ם

עיהר - עין הרע

עיוט - ערב יום טוב

עיומ - עבור יניקה ומוחין

עיז - על ידי זאת

עיז - על ידי זה

עייש - עיין שם

עיכ - על ידי כך

עיל - עוד יש לדקדק

עיל - עוד יש להקשות

עיל - עוד יש לומר

עימ - עבור יניקה מוחין

עיע - עיין עוד

עיש - עוד יש

עיש - עיין שם

עית - עשרת ימי תשובה

עכ - עד כאן

עכ - על כורחו

עכ - על כורחם

עכ - על כן

עכד - כל כל דא

עכד - עד כאן דיברו

עכומ - עובדי כוכבים ומזלות

עכומז - עובדי כוכבים ומזלות

עכז - עם כל זה

עכל - עד כאן לשונו

עכפ - על כאן פרושו

עכפ - על כל פנים

עכפ - על כן פירש

עכפ - על כן פסקו

עכתל - עד כאן תוכן לשונו

על - עיין לעיל

עמ - על מנת

עמלקפ - על מנת לקבל פרס

עמש - על מה שאמר

עמש - על מה שביאר

עמש - על מה שכתב
עמשל - על מה שכתב לעיל
ענ - על נכון
ענ - עליו נאמר
עני - על נטילת ידים
עס - ע"ב ס"ג
עס - עד סוף
עס - עשר ספירות
עסמ - ע"ב ס"ג מ"ה
עסמב - ע"ב ס"ג מ"ה ב"ן
עעז - עובדי עבודה זרה
עעשמ - עולים על שלחן מלכים
עפ - על פי
עפ - על פניהם
עפ - על פסוק
עפ - ערב פסח
עצהד - עץ הדעת
עק - עתיקא קדישא (הזקן הקדוש) ארמית
עקה - על קדוש השם
ער - ערב רב
ערה - ערב ראש השנה
עש - עיין שם
עש - על שם
עש - ערב שבת
עת - עולת תמיד
עתי - עתיק יומין
עתיש - עשרת ימי תשובה
פ' - פרק
פ' - פרשת

-פ

פא - פעם אחרת
פא - פעם אחת
פא - פרק א
פא - פרק אמצעי
פא - פרקין אמצעים
פאפ - פה אל פה
פבא - פנים באחור
פבפ - פנים בפנים
פג - פורים גדול

פג - פורץ גדר

פג - פסיעה גסה

פג - פרט גדול

פג - פרק ג'

פג - פת גוים

פג - פתח גבוה

פהא - פרי האדמה

פהג - פרי הגפן

פהע - פרי העץ

פוא - פנים ואחור

פוח - פנימי וחיצון

פור - פרו ורבו

פז - פרק זה

פח - פה חוטם

פחח - פי חכם חן

פי' - פירוש

פיו - פניו ידיו ורגליו

פיו - פרק ט"ו

פסד - פסק דין

פע - פרק עליון

פע - פרקין עילאין

פעח - פרי עץ חיים

פפ - פוצה פה

פפ - פותח פה

פפ - פתחון פה

פק - פרק קמא

פק - פרקא קדמאה

פרא - פרקי רבי אליעזר

פרדס - פשט רמז דרוש סוד

פרדרא - פרקי דרבי אליער

פרח - פרי חדש (ספר)

פרח - פרי עץ חיים (ספר)

פרשי - פרוש רש"י

פשז - פולטת שכבת זרע

פת - פרק תחתון

פת - פרקין תתאין

פתהד - פתח הדביר (ספר)

-צ

צב - צריך ביאור

צבצ - צדיק בן צדיק
צבר - צדיק בן רשע
צג - צדיק גדול
צג - צדיק גמור
צג - צדיק גמור
צג - צדקה גדולה
צדל - צדקה לענים
צהכ - צאת הכוכבים
צוטל - צדיק וטוב לו
צורל - צדיק ורע לו
צי - צריך ישוב
צל - צריך לאמר
צל - צריך לבאר
צל - צריך לגרוס
צל - צריך לדעת
צל - צריך להבין
צל - צריך לזה
צלד - צריך לדעת
צלח - ציון נפש לחיה (ספר)
צלע - צריך לזה עיון
צלעג - צריך לזה עיון גדול
צע - צריך עיון
צעג - צריך עיון גדול
צער - צריך עיון רב
צת - צניף תפארתנו

-ק

ק - קשה
קאל - קאמר ליה (אמר לו) ארמית
קבהו - קודשא בריך הוא ושכינתיה (הקדוש ברוך הוא והשכינה) ארמית
קבעומש - קבלת עול מלכות שמים
קבש - קבלת שבת
קג - קשר גודל (ספר לחיד"א)
קגוש - קנין גמור ושלם
קגוש - קנין גמור ושריר
קד - קנין דברים
קה - קדוש השם
קהי - קהילת יעקב
קו' - קושיה
קו - קל וחומר

קובהוש - קודשא בריך הוא ושכינתיה
קור - קול רם
קייל - קיימא לן
קיס - קריעת ים סוף
קלי' - קליפה, קליפות
קמג - שם קמ"ג (אלף הא יוד הא)
קמל - קא מבעי ליה
קמל - קא משמע לן
קמל - קא משמע לן (בא ללמד אותנו) ארמית
קנא - שם קנ"א (אלף הה יוד הה)
קסא - שם קס"א (אלף הי יוד הי)
קסד - קא סלקא דעתך
קפ - קבלת פרס
קפ - קורבן פסח
קק - קודש קודשים
קק - קונטרס קבלה
קק - קצת קשה
קק - קשה קצת
קקק - קדוש קדוש קדוש
קר - קול רם
קר - קלות ראש
קרושב - קלות ראש ושיחה בטילה
קריעת ים סוף
קש - קריאת שמע
קשד - קרינן שם דבריו
קשל - קשיא לה (קשה לו) ארמית

-ר-

רא - רבי אלעזר
ראבי - רבי אליעזר בן יעקב
ראבע - רבי אלעזר בן עזריה
רבבח - רבה בר בר חנה
רבימ - רומי בבל יון מצרים
רבצ - רשע בן צדיק
רבר - רשע בן רשע
רבשע - רבונו של עולם
רג - רבן גמליאל
רגא - רבן גמליאל אומר
רדלא - רישא דלא אתיידע
רה - ראש השנה

רה - רחובות הנהר
רה - רשות הרבים
רהי - רשות היחיד
רהר - רשות הרבים
רהש - רוקע המכין שעשה....ברכות השחר
רוד - רחימו ודחילו
רוטל - רשע וטוב לו
רול - רוצה לומר
רומ - רום מעלתו
רור - רוח רעה
רורל - רשע ורע לו
רז - רבינו זלמן (בעל שולחן ערוך הרב)
רזל - רבותינו זכרונם לברכה
רזל - רבינו זכרונו לברכה
רח - ראש חודש
רח - ראשית חכמה (ספר)
רחבד - רבי חנינה בן דוסא
רחבד - רבי חנינה בן תרדון
רחו - רבי חיים ויטאל
רחל - רחמנא לצלן
רי - רבי יצחק
ריבז - רבי יוחנן בן זכאי
ריבעהט - רבינו יעקב בעל הטור
ריהח - רבי יהודה החסיד
ריח - רבי יוסף חיים (בן איש חי)
ריפ - רבי יהודה פתיה
ריצ - רבי יעקב צמח
רל - רוצה לאומר
רל - ריש לקיש
רל - רצונו לומר
רמ - רבי מאיר
רמ - רום מעלתו
רמ - רעיא מהימנא
רמבם - רבי משה בן מימון
רמבן - רבי משה בן נחמן
רמז - רבי מורי זקני
רמז - רבי משה זכותא
רמח - רמ"ח (אברי האדם)
רמפ - רבי מאיר פאפרוש כץ
רמק - רבי משה קורדברו
רנ - רוח נפש

רנש - רבי נתן שפירא
רע - רבי עקיבה
רעוד - רעותא דליבא
רעמ - רעיא מהימנא
רפ - רב פעלים (שו"ת לרי"ח הטוב)
רפבי - רבי פמחס בן יאיר
רפח - רבי חיים פלאגי
רפח - רפ"ח ניצוצות
רצהע - רצון העליון
רצע - רצון עליון
רר - רוח רעה
רשבי - רבי שמעון בר יוחאי
רשו - רבי שמואל ויטאל
רשי - רבי שלמה יצחקי
רשמ - רצונו של מקום
רשש - רבי שלום שרעבי
רת - ראשי תבות
רת - רבינו תם
רתס - ראש תוך סוף

-ש

שא - שליש א'
שא - שליש אמצעי
שאלכ - שאם לא כן
שאלמ - שאין לו מתירין
שאערשמ - שאין עושים רצונו של מקום
שארזל - שאמרו רבותינו זכרונם לברכה
שב - שיחה בטילה
שב - שליש ב'
שב - שערי בינה
שבהק - שבחמשה קצוות
שבח - שלמה בן חיים חיקיל (בעל הלש"ם)
שבלאה - שבלאו הכי
שבמא - שבמקום אחר
שבנוה - שבנצח והוד
שבעהז - שבעולם הזה
שבעז - שבעולם זה
שבעפ - שבעל פה
שג - שליש ג'
שד - שפיכות דמים

103

שדרזל - שדרשו רבותינו זכרונם לברכה
שהג - שער הגלגולים
שהולל - שהיה לו לומר
שהזג - שהזמן גרמא
שהיסב - שהיד סולדת בו
שהמ - שער המצות
שהעה - שלמה המלך עליו השלום
שהפ - שער הפסוקים
שהק - שער ההקדמות
שהש - שיר השירים
שהשר - שיר השירים
שואת - שב ואל תעשה
שואתע - שב ואל תעשה עדיף
שוע - שתי וערב
שוקר - שחוק וקלות ראש
שור - שוב ראיתי
שות - שאלות ותשובות
שז - שכבת זרע
שזג - שזמן גרמא
שזל - שפך זרע לבטלה
שח - שאלת חלום
שח - שומר חינם
שט - שכר טרחה
שטח - שטר חוב
שיוב - שיורי ברכה (ספר)
שילמ - שיש לו מתירין
שיסב - שיד סולדת בו
שכ - שכיב מרע
שך - שלמה הכהן (הרב יפה שעה - רבי שלמה הכהן)
שכא - שכל אחד
שכזל - שכבת זרע לבטלה
שככ - שכך כתב
שכל - שכל זה
שכמ - שכיב מרע
שכמה - שכרו כפול מן השמים
שכפז - שכפי זה
שלבל - שלא בא לעולם
שלה - שני לוחות הברית (ספר)
שמ - שכיב מרע
שמ - של מטה
שמ - של מעלה

שמ - שמע מינא
שמוזל - שמורי ז"ל
שמות - שנים מקרא ואחד תרגום
שממ - שמכל מקום
שמן - (הרב) שלמה מולכו נראה
שמן למאור
שמס - שמר סבר
שמר - שמועה רחוקה
שמר - שמות רבה
שמר - שער מאמרי רשב"י
שמרשבי - שער מאמרי רשב"י
שמש - שלום מזרחי שרעבי (הרש"ש)
שמש - שמה שכתב
שנב - שהכול נהיה בדברו
שנגלה - שורש נשמה גוף לבוש היכל
שנימ -שומר נפשו ירחק מזה
שס - שישה סדרים (משנה, תלמוד, גמרא)
שסדמ - שש סדרי משנה
שסה - שס"ה (גידים באדם)
שע - של עולם
שע - שליש עליון
שע - שמיני עצרת
שעאפ - שעל אף
שעג - שעל גבי
שעג - שעל גביו
שעה - שורש ענף הארה
שעהכ - שער הכונות
שעיכ - שעל ידי כך
שער - שעת רצון (לרב שלמה הכהן)
שפ - שווה פרוטה
שפא - שפת אמת (ספר בקבלה)
שץ - שליח ציבור
שצ - שליח ציבור
שצ - שלמי ציבור
שצל - שאינה צריכה לגופה
שצמחנכל - שבתאי צדק מאדים חמה נוגה כוכב לבנה
שק - שבת קודש
שק - שש קצוות
שר - שימושא רבא
שר - של ראש
שר - שלום רב

שר - שלוש רגלים
שר - שם רע
שר - שמות רבה
שר - שנה ראשונה
שר - ששים רבוא
שרשמ - שעושים רצונו של מקום
שש - שים שלום
שש - שכר שכיר
שש - שלום שרעבי (הרש"ש)
שש - שם שמים
שש - שמן ששון (פרוש רבי ששון בכר על ע"ח)
ששק - של שבת קודש
שת - שליש תחתון

ת-

תגת - תלת גו תלת
תד - תקוני דיקנא
תה - תחת השמש
תה - תשמיש המיטה
תהר - תהומא רבא (תהום גדול) ארמית
תהש - תכלית השלמות
תהש - תכלית השנאה
תהש - תפילת השחר
תהש - תרגום השבעים
תו - תבנה ותכונן
תוא - תגין ואותיות
תובב - תיבנה ותתקומם במהרה בימינו
תובבא - תבנה ותכונן במהרה בימינו אמן
תוהק - תורה הקדושה
תומ - תפארת ומלכות
תומ - תפלין ומזוזות
תומי - תומך יד
תומי - תומכי ישראל
תומי - תכף ומיד
תומצ - תורה ומצות
תז - תקוני זהר
תזוח - תקוני זהר חדש
תזל - תזכו למצוות
תח - תא חזי (בא תראה) ארמית
תח - תורת חכם (רבי חיים דילה רווה)

תח - תיקון חצות
תח - תלמיד חכם
תחה - תחיית המתים
תחהמ - תחיית המתים
תחי - תחת יד
תחי - תחת ידי
תי' - תיקון
תיקו' - תיקונים
תכ - תוך כדי
תכ - תורת כהנים
תכ - תניא כותיה
תכ - תשש כחו
תכב - תלת כלילן בתלת
תכבת - תלת כלילין בתלת
תל - תיקון לאה
תל - תלמוד לומר
תלית - תהילות לשם יתברך
תנ - תפילת מנחה
תנדבא - תנא דבי אליהו
תנה - תפארת נצח הוד
תנהי - תפארת נצח הוד יסוד
תנהים - תפארת נצח הוד יסוד מלכות
תנך - תורה נביאים כתובים
תע - תפילת ערבית
תע - תשועת עולמים
תעב - תבוא עליו ברכה
תר - תיקון רחל
תרומ - תרומות ומעשרות
תש - תא שמע (בא תשמע) ארמית
תש - תפילת שחרית
תשבעפ - תורה שבעל פה
תשח - תשואות חן
תשי - תפילין של יד
תשר - תפילין של ראש
תת - תלמוד תורה
תת - תפארת